JN196696

こころの生活習慣病を克服するために

ぐうたら病の君へ

はじめに

本書は私の実体験から生まれました。私は「心の生活習慣病」を数多く抱きかかえていたのです。三つの気づきが道を正してくれました。

一つ目は、カトリックのシスター、渡辺和子先生の言葉です。

世の中に雑用なんてないんですよね。心を込めてしないと、それが雑用になるんです。

三十年あまり前、私は「面倒くさいなぁ病」の重症患者でした。毎日毎日、「雑用」に追われて、嫌々ながら仕事をしていたのです。そんな時です、この文章に出会ったのは……。

うーんと唸って、私は頭を抱えました。心にグサッと切り込まれたのです。まさに先生のおっしゃるとおりではありませんか。私は姿勢を正しました。

それ以来、この言葉は座右の銘になり、私の生活態度は一変しました。「雑用」と思っていたことが、「大切で楽しい仕事」になったのです。世界が変わった気がしました。

二つ目は、聖路加国際病院理事長、日野原重明先生の考え方、生き方です。

先生は、それまで成人病と言われていた多くの病気を「生活習慣病」と言い替えました。

成人病は悪い生活習慣によって引き起こされる生活習慣病である。

見事なネーミングのおかげで、成人病の実態が分かりやすくなりました。
毎日の行動が習慣になり、その善し悪しによって、人生は上向いたり下向いたりするわけです。私たちはうっかり気づかないまま、よくない習慣にはまり込んでいます。
先生は百歳を越えられた今も、病人のために意欲的に尽くしておられます。その生活実践そのものが、よい生活習慣の実効性と真実性を力強く実証しています。
以来、多くの人が生活習慣に気を配るようになりました。
三つ目は、清水寺の森清範管主に教えられた、生きる姿勢です。

「清水の舞台から飛び下りる」というのは、観音様の懐に飛び込むことです。

「飛び下りる」というのは度胸試しではないのですね。

この捨て身の行為は、一切を観音様にお委ねすることです。「観音様は『私』を受け止めて共に歩いてくださる」ことを信じる行為です。これが信心です。

清水の檜舞台とは信仰生活の土台であって、そこに立つことは、怠惰に流れがちな日常から跳び出し、心を清新に向けることだそうです。

管主は、「共にいる」とは「友になる」ことだと言われます。観音様と友になる、隣人の友になる。これこそ、本当の生きる姿勢と言えるでしょう。

三人の先生方から学んだ共通の教えは、「生かされている命に感謝し、今を丁寧に生きる」ということです。これに従えば、一回限りの人生に励みが出ます。

貴重な学びに沿って自分の生活習慣を正そうとしていたら、心にも生活習慣があって、それが病気の原因になっていることに気づきました。

人間には体と心が備わっています。この二つは相関関係にあって、絶妙に一体化しています。その一体化の調和が崩れると、人は体調を崩して病気になるわけです。

「心の生活習慣」を見直す私の探索が始まりました。すると、どうでしょう……。後からあとから、際限なく悪習が出てくるではありませんか。とうとう六十もの病気が見つかったのです。それらを書きとめ整理して四十の病気にまとめたのが本書です。

人生は挑戦です。気づかなかった「心の生活習慣」を吟味してみましょう。習慣を正しさえすれば、幸せの女神はきっとあなたに微笑んでくれます。

心を正して、「今、ここで、私がやれば」いいのです。今風に表現すれば、

ニコニコと、
今でしょ、
ここでしょ、
私でしょ！

という精神です。
これが幸せ人生の魔術です。
さあ、ご一緒に心の冒険旅行に出かけましょう。

追記

二〇一三年発行の初版「心の生活習慣病を退治せよ！」では生活習慣病の名付け親である日野重明先生に推薦文を書いて頂きました。改訂増刷にあたり、二〇一七年に一〇七歳で逝去された先生を偲び、その文章をそのまま掲載いたします。

推薦のことば

今般、川上与志夫先生が出版されました著書は、先生が経験された多くの健康の本体をつくもので、それぞれ特色のある健康論をまとめられた優れた著書と思います。

その題名には生活習慣病という言葉がありますが、私が提唱した「生活習慣病」という言葉を取り上げられたいきさつが中に書かれています。

厚生労働省は、昭和33年に成人病という言葉を唱えて国民に血圧測定の必要性を説き、これで発見される諸病を成人病と定義しました。しかし、私は、これは間違った用語であることを主張し、その代わりに習慣病という用語を提唱しました。それから30年が経ち、元厚生労働省医務局長の大谷藤郎氏が退官後に座長となった審議会で、やっと私の提唱する生活習慣病という言葉が公式に使われることになりました。

この書には、

第一章「そのうち　そのうち　日が暮れる」
第二章「欲しいものが　いっぱいあるのに」
第三章「どうせわたしは　パートなの」
第四章「自分の姿は　見えないものよ」

と続き、大変説得力のある著書だと私は信じ、この書が日本の各層の人々に読まれることをお勧めし、推薦の言葉とします。

（財）聖路加国際メディカルセンター理事長　日野原重明

私はゼンソク持ちで病弱でした。学生時代、大学のクリニックで日野原先生に数度診ていただきました。先生は生活習慣を正し、生活環境を健康的にするようご指示くださいました。若い頃はそれがなかなか実行できませんでした。中年を過ぎてからその言葉の重みに気づき、心がけるようになりました。健康も幸せも自分で生み出すものであることを教えられたのでした。

川上与志夫

目次

第二章 欲しいものがいっぱいあるのに……（欲望編）

第三章　どうせ私はパートなの（無意欲編）

第一章　そのうち、そのうち、日が暮れる（遅延編）

1　こんなのいやだ「面倒臭いなぁ病」その1

辛い人生を一変して、明るく楽しいものにする魔法。そんな魔法があったら……、と思いますよね。実はあるんです。こっそり伝授いたしましょう。

読むのが面倒だと思っているあなた。そういう「面倒臭がり屋さん」にぴったりの魔法です。

効果は１００％保障します。なにしろ自戒から生まれた、実証済みですから。

この人生、
成功と失敗、
喜びと悲しみ、
やる気と意気消沈、
ウキウキとしょんぼり、
やることないのに忙しい……、

相反することがめじろ押し。

そのマイナス面のほとんどは、「面倒臭いなぁ」と思う心を一蹴することで、一気に明るい方に向かいます。

「面倒だなぁ」と思って気が進まないことはよくありますよね。

実はこれが人生最大の落とし穴なのです。この蟻地獄に落ちると、人生は下降線をたどります。出られなくなるんです。だから、落ち始めたなと感じたときが肝心です。

まず、身近なことに目を向けてみましょう。

片付け：何でもそこらにちょいと置く。メガネ、ケータイ、自動車のキー、新聞、雑誌、脱いだもの、買ってきた食料品。探し回ったり、人のせいにしたり、自分に腹が立ったり。仕事にも集中できないでイライラは募るばかり……。

雑然としてゴミ屋敷状態だった我が家の屋根裏。先日、一念発起して古いタンスを再利用。棚を三つ作りました。屋根裏に上がるのがとても楽しくなりました。

ぞうきん：使おうと思ったら汚れていて使う気になりません。だから、床も棚も汚れたまま。気分すらすさんできます。ああ、この自己嫌悪……。

使ったら、すぐ洗っておくことです。いつでも気持ちよく使えれば、ゴミもホコリも見えません。雑巾だけで家中が明るくなり、家族の心も洗われます。

皿洗い‥自宅で食事するのは楽しいけれど、後始末が苦手なあなた。やだなぁ、面倒だなぁ、と思ったら、「そうだ、ここが人生の分かれ道!」と、気合を入れることです。ニコニコと洗えば台所はピッカピカ。あなたの心もスッキリ。わずか二十分の魔法です。

冷蔵庫の中‥まるでギュウギュウ詰めの電車。少しずつ残った「もったいない」ものが、後から後から押し入ってきます。やがて悪臭。これって

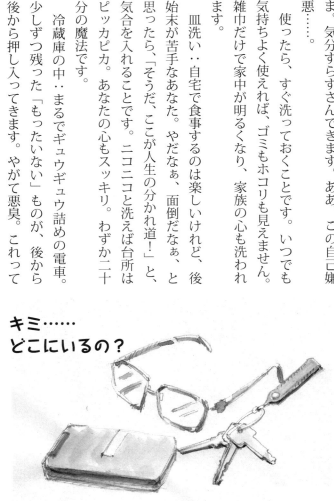

ゴミ貯蔵庫？

月に一度の大整理。工夫と気配りで冷蔵庫は復活。開けるのが楽しくなります。

家庭や社会が心地よい「しあわせの居場所」でないとしたら、それは「わたし」の責任です。面倒くさがらないで自分がやれば、自分が変わり、家庭や社会も変わってきます。

ここらでちょっと視点を変え、ケネディ大統領の就任演説に耳を傾け、それを自分自身に応用してみましょう。

国があなたのために何をしてくれるかを問うのではなく、
あなたが国のために何をすることができるかを問いなさい。

妻（夫が）自分のために何をしてくれるかではなく、
自分が妻（夫）に何をしてあげられるかを考えよう。

2　こんなのいやだ「面倒臭いなぁ病」その2

前節のケネディ演説は、あらゆる場面で変奏曲になります。人にしてもらおうなんて思わないで、人にしてあげればいいわけですね。人がやってくれるのを待っていても事は進みません。だから自分がやればいいのです。ただそれだけのこと。実に単純明快。

玄関の靴：あっち向いたり、こっち向いたり、ホコリまみれだったり、片一方が行方不明だったり。不意の客に大慌て。これであなたの人柄と家庭が判断されます。おぉ怖い……。これはたったの三秒、五秒の問題です。

草むしり：五月、草花は元気がいいですね。とくに雑草はものすごい。今やらないと一週間後には手に負えなくなります。面倒だけど、今ちょっとやれば……。何事も少しずつコツコツやるのが、よい結果を生むコツのようです。

これらとは別に、他人には代わってもらえない、自分でやるべきことがあります。

ハガキやメール：とくに礼状は早く出すことが大切です。出し遅れると、信頼を失います。ひと言の感謝。これがあなたの「これから」を決定するんです！

歯みがき：一日三回、丁寧に……。医者は一回に三分を勧めますが、三分はとても長く感じられます。私の磨き方は丁寧でなかったので、現在、歯周病に苦しめられています。面倒臭いの結末は、哀れな自業自得病でした。

医者通い：病院はいつも混んでいます。病人ばかりで雰囲気も明るくありません。だから、通院するのは気が重いですね。一日延ばしが続きます。あげくの果ては手遅れに……。痛みも費用も通院日数も数倍になります。そしてついに、あの世からの招待状……。

「面倒臭いなぁ」の代償は、あまりにも大きいではないですか。この落とし穴に落ち込んで後悔している人はとても多いのです。ひょっとするとあなた自身も……？

人間の能力は限られています。それなのに、あれもこれもやろうとします。できないからストレスがたまります。身も心もズタズタになってきます。もう耐えられません。

考え直しましょう。まず、気を楽に持つことです。あなたの目の前にそそり立つ仕事の山……。できなくて当たり前。あっさりと諦め、忘れることです。

その代わり、できることには真心を込める。それだけです。それでいいのです。

小さなことが少ししかできない。
だからこそ、することには心を込める。

人間は勝手なもの。大きなことには真剣になりますが、小さなことにはなおざりです。大切なのは日常の小さなことを「面倒だ」と思わないことです。やさしいようで意外に難しいですね。でも、これだけであなたの人生は変わります。きっと好転していきます。

何事もよい結果を求めるなら、
自分でするがいい。

これがＤＩＹ（Do it yourself：自分でやれ）の根本精神です。
格言の視点は鋭いですね。自分で学び、自分で考え、自分で実行する。
面倒臭がらないで、この本の小さなエッセイを読み続けてください。

3　笑顔のない「嫌々ながら病」

朝起きるとまず洗面所へ行きます。鏡に映る自分の顔とご対面。その顔、どんな表情をしていますか？　惚れぼれする？　それとも、見るのも嫌？

「これが私なの？」と、ゾッとする！　こんな朝がありますよね。寝不足で顔は腫れぼったく、目の下にクマがくっきり。疲れの取れない重く沈んだ顔。ブスっとした表情。仕方がありません。仕事も人間関係もうまくいっていないのですから。

いい朝もあります。今日は明るくスッキリした表情。目もキラキラ。そんな自分に出会う朝は気分も最高。順調な生活のあかし。嬉しいですね。今日はきっとよい日です。

ブスは差別用語ではないという。
ブスっとしているからブスなのだ。
だから、ブスなのは自己責任。

たとえ顔立ちや容姿がすぐれていなくても、明るい笑顔の人はブスではありませんよね。反対に美人でもブスはブス。器量好みの男性はしばしば痛い目に遭います。

ブスの人は何もかもが「嫌」なのです。思うことは嫌なことばかりで、することも嫌々ながら……。生活に張りがなく、生きるのも楽しくありません。だから、ブスっとしてブスになる！

つまり、自分で自分をダメ人間にしているのです。

一方、本物の美人は嫌なことも笑顔で覆ってしまいます。そのニコニコが人の痛みをやわらげます。優しい笑顔のその場には爽やかな余韻が漂います。

トイレ掃除：誰もが嫌う仕事こそが私の持ち分。サッとやればいとも簡単！

ある予備校の教室：堅い雰囲気の予備校の教室に、今日も一輪の花が……。

店員：にこやかで気持ちのいい応対。商品の価値まで上がる。また来ようっと。

会社内で：あの部長のためなら何でもやるぞ！　さぁ、俺も笑顔で！

家庭内で：テレビでもない、ゲームでもない。家族の団欒《だんらん》――いいなぁ！

学校で：笑顔と笑顔。笑顔の伝染。笑顔の輪。いじめなんてどこの話？

地域社会で：嫌なことがあったら森くんの家へ行ってごらん。あそこには笑顔という花がいつも咲いているよ。今日もお土産に一輪もらっちゃった！

ある若いホテルマンの実話。

なださんは、大きなホテルの自動車の配送係でした。来る日も来る日も玄関で客を迎えては自動車の世話。アホらしくなって退職しようとしたとき、部長のことばに励まされ、ハッと気づきました。玄関はホテルの顔。笑顔で仕事をしなくては……。

なださんはブスから美人に変身。男にだって美人はいるのです。よく来る客の顔と名前を覚え、親しく呼びかけて出迎えたり見送ったりしました。

笑顔で明るく、テキパキとしたその態度。なださんは信用を得てとんとん拍子に出世。中学出ではありましたが、とうとうホテルの総支配人にまでなりました。

あなたがブスでありたいのなら、ブスのままでいいのです。それはあなたが決めること。でも、やっぱり美人でありたいですよね。一緒にいるなら美人の方がいいなぁ！

だから、「嫌々ながら病」から「笑顔で率先」へ移行しましょう。

率先とは、
まず自分がやること。
ニコニコと、
私がやります、
今、ここで。

4　明日があるさ「そのうち病」

人生にはやりたいことがいっぱいありますね。

実現したいことは夢や希望です。なかには欲もあります。しかし、時間にも、能力にも、意欲にも、また環境にも、それぞれ限界があって簡単には実現できません。できないから、イライラしたり落ち込んだりします。

「今できないことだって、そのうちできるだろう」

「今はダメなのよね。でも、そのうちなんとかなるわよ、きっと……」

誰だってそう思いますよね。別に悪いことではありません。意欲と創造力があれば、夢や希望はきっと実現するでしょう。

ただし、「そのうち」に溺れるのはよくありません。

そのうちお金が貯まったら　（この給料じゃ旅行にも行けないのよね）

そのうち時間のゆとりができたら　（貧乏ヒマなしで忙しすぎるよ）
そのうち恋人ができたら　（こんな会社勤めだし、金もないし……）
そのうち希望の仕事に就いたら　（俺の学歴と能力ではなぁ）
そのうちパチンコで大儲けをしたら　（俺には運がないんだよ）
そのうち大きな家を建てたら　（家どころか土地も買えないよ）

「そのうち」というのは便利な言葉ですね。ふっと口から出てしまいます。気をつけましょう。「そのうち」には、括弧内の言い訳や口実が秘められているのです。このようなマイナス思考では、運命の女神はこちらを向いてくれません。

できない弁解をくり返しているうちに気力も体力も衰え、諦めの境地に落ち込みます。さらに、大事なことをやり残し、後悔で人生が暗くなります。

今やらないことは、
いつになってもできない。

できなかった言い訳は、自分をダメ人間にする。

そうならないためには、今できることと、できないこととを、分けて考えるのがいいでしょう。言い換えるなら、大きなことと、大事なことを区別するのです。

家を建てようとしても、今すぐにはできません。大きなことは、ゆっくり計画を立てればいいのです。大仕事には、それなりの土台がなくてはならないからです。

一方、親孝行したり、病気の友人を見舞ったり、勉強したり、仲直りするのは、今できる大事なことです。「そのうち」なんて思っているうちに手遅れになってしまいます。

通販企業に「ジャパネットたかた」という会社がありますが、社長の宣伝文句が冴えています……。「いつかを今に」。

いいですね。「そうだ、思い切って買おうか」という気になります。「いつか、いつか」は、「そのうち、そのうち」と同じです。無理をするのはよくありませんが、思い切ることも大切です。

いずれそのうち日が暮れて、
いずれそのうち月替わり、
いずれそのうち大晦日。
歳月ひとを待たずとか、
いつか気づけば、
ハイ、さようなら。

毎年くり返す後悔。去年の後悔は今年取り戻せます。しかし、人生は一度だけ。人生の後悔だけは取り返しができません。

「そのうち」を「今のうち」に変えたいですね。

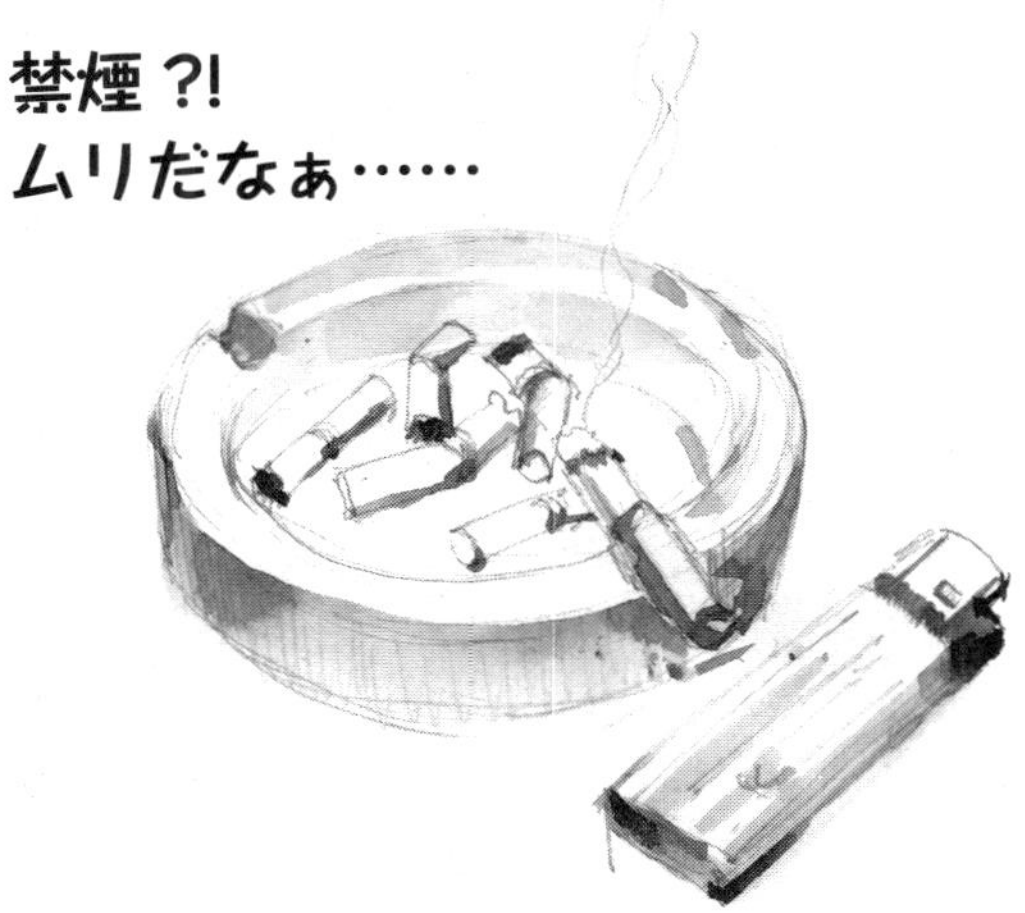

5　何をやっても「中途半端病」

何もかも中途半端で、いい加減な人がいます。最後までやり通すことがありません。途中で息が切れ、急停止したかと思うと、いきなり脱線！　おおらかというか、ズボラというか、のんきというか、ダメ人間というか……。

こんなとこで、まぁええか……。
今までだって、これで大丈夫だったんだから。

たしかに一理あります。私もその同類、典型的な凡人。ものぐさでいい加減。完全主義にはほど遠い生き方です。でも、まぁええか……。

禁酒禁煙：まぁ、このぐらいはええやろ。無理するとかえって身体に悪い。泣いている肝臓や肺をなだめるには、これがいちばんさ。
ダイエット：食べないのはよくないらしいわ。ケーキ一つぐらい大丈夫よ、ね？「塵も積れば山となる」って言うけど、それってお金のことでしょ。
台風・地震：この前も大丈夫だった。この程度の対策で問題ないやろ。そうさ、超強烈なのが来るまでは大丈夫だよ。
交通事故：スピードの出し過ぎ？　たったの100キロだぜ！　文句言うなよ。これまで一回も事故ったことはないんだ。見ろ、追い越す奴だっているじゃないか。
試験勉強：まだあと一週間続くんだ。一科目ぐらい落としたって、まぁええか……。学歴が人生を左右するなんて、俺にはカンケーネー！
雑草退治：「夏草や 手抜き昼寝の 夢のあと」。あぁ、もう手の着けようがない！

「まあええか」と言いながら、ほどほどに生きるのもひとつの生き方といえるでしょう。大切なのは、どこまでが「ほどほど」なのかを絶えず自問することです。
過去の偉い人たちは厳しく自分を律し、鍛錬しました。目標に真剣に立ち向かい、突き進んだのです。

手をつけたからには、誠心誠意やり抜くこと。心を込めれば、嫌な雑用も立派な仕事。

今は健康増進を目指した料理教室、山歩き、園芸、各種のスポーツ、グルメ旅行などに人気があります。どれもいいことばかり。大いにやればいいでしょう。ところが、長続きする人は少ないようです。どうしてでしょう？　中途半端になってしまう理由をあれこれ考えてみたら、いくつか浮かび上がってきました。

目標に向かう熱意が小さかった。環境（時間、費用、健康、仲間など）が整っていなかった。家族に文句を言われた。自分には合わないことで、好きになれなかった。やらなくてもいいことだと気づいた。次のことを吟味して歩み出せば、きっと長続きします。

自分の人生で、これにはどれほどの意味があるか。自分の能力や性格に合っているか。

環境が整っていて無理がないか。

自分にこれをやり抜くだけの熱意があるか。

それでもダメなら、ちょっと一服してみたらどうでしょう。「あぁ、ダメだ」などと思わないで、

にガミガミ言う、妻や夫を労《いたわ》らない、などなど。

身につけたいよい習慣には、どんなものがあるでしょう。

早寝早起き、整理整頓、適度な運動、習い事、日記や家計簿をつける、読書をする、手料理を楽しむ、よく噛んでゆっくり食べる、手紙やメールにはすぐに返事を書く、玄関の靴を揃える、台所をいつもピカピカにしておく、などなど。

たとえ三日坊主で終わっても、何もしないよりましだし、それをくり返していれば進歩があるというのが、かつての私の言い分でした。たとえ継続的にできなくても、断続的に繰り返せばいいではないかと正当化していたのです。

この考え方には一理あります。よりよく生きようとする健気な姿、「あがき」が見られるからです。しかし、通常、この「あがき」は長続きしません。いつの間にか元の木阿弥。計画や決意は色褪せて消え失せます。

三日坊主の繰り返しは、失敗に終わることが多い。

何度もこんな経験をした私は、今では三日坊主を弁護しません。一回限りの人生、グズグズなどしていられないからです。やるしかないのです。

目標が定まったら具体的な計画を立て、固い決意で突き進むことが大切ですね。要は欲張った計画を立てないこと、無理をしないことです。

目的や目標は最小限度にとどめ、徐々に高めていけばよいでしょう。そうすれば、ストレスに取り付かれにくくなります。

万一失敗したっていいじゃないですか。人生とは、そもそも失敗の連続で成り立っています。失敗したら、そう、出直せばいいのです。

我が生涯で最高の失敗。
それがノーベル賞につながりました。

田中耕一（島津製作所フェロー）

大きな失敗をすれば、眠った脳細胞や遺伝子のスイッチがオンになります。失敗は功労者なのです。だから、目標を決めたらとにかくそこに集中しましょう。

小さなことでも、
やるからには心を込めよう。
心を込められないことなら、
初めからやる必要がない。

一通のハガキ、早起き、部屋の整理。どれも大切な人生のひとコマです。早起きという習慣だけで人生は変わります。小さな歩みに心を込める。これが三日坊主の解消法です。

新年に立てた計画と決意に、改めて心を留めようではありませんか。

7　切羽詰まっての「ドタンバ病」

期末試験が迫ってきた。備えあれば憂いなし。「よし、明日から机に向かおう！」。明日から、明日から……。何事も明日がスタート。

いよいよ明日は試験。この場合の明日は必ずやって来ます。

「やむを得ん。今夜は徹夜だ！　母さん、夜食作っといて！」

一夜漬けの猛勉強。これではいい点が望めません。たとえいい点が取れても、すぐに忘れます。一夜漬けは身につかないのです。だれもが経験している悲しい現実ですね。

昨日またかくてありけり
今日もまたかくてありなむ

とは、島崎藤村の情感あふれた詩の一節。明日はいつまでたっても明日のまま……。明日もまたかくてありなん、か。

どうも体調がおかしい。食欲がなく便にも元気がない。やる気がなくなってストレスがたまる。自己診断して薬を飲み、なんとか頑張る。でも、やっぱりダメ。昼間は眠く、夜は眠れない。もう限界だ！　ようやく重い腰を上げて病院へ……。

診断は、かなり進行した胃潰瘍。厳しい養生が強いられます。薬を飲んで体を休められればいいのですが、サラリーマンの悲しさ……、仕事のストレスが減るはずもありません。もうフラフラ……。もっと早く医者に診てもらえばよかった！

どたんばに追い詰められ、
切羽詰まって動き出す。
これ、凡人の生き方、我が姿。
用意周到、準備万端、
いつでもかかって来い。

これ、賢人の生き方、偉人の姿。

家族の多い家庭の朝の情景。静寂はテレビの喧騒で破られ、家中が戦争状態に突入……。忙しいのは食卓とトイレです。

「ちょっと待って！　卵焼き、もうすぐできるわ」

「早く出てよ！　時間がないんだから……」

トイレでは便座がつぶやく。

ふん、また行列か……。

五分早く起きればいいじゃないか。

ここでゆっくりしないと体に毒だ。

一日に響くぜ！

子供を連れて知人宅を訪問。着物姿の貴婦人の前で緊張した子供の表情。あぁ、この挨拶、お辞儀の仕方、靴の脱ぎ方、食事のマナー！　顔が火照るのを感じながら、小声で現場指導。

マナーはどたんばでは間に合わないのです！

どたんばを英語では「the last minute」とか「the eleventh hour」といいます。「最後の一分」「十一時間目」というわけです。

どちらも時間がギリギリの切羽詰まった状態です。どたんばで準備が整い、いざ出発！　まあ、これでもよしとしますか……。

どたんばの人生は実りが少ないのです。よい仕事ができないで叱られます。非難されます。慌てて事故を起こしたりします。

そうならないためには、「今」を「丁寧に」生きればいいのです。すると、あの焦った気分から解放されます。「丁寧」とは、一つひとつの言葉や行動に注意深く心を配ることです。目の前の事、目の前の人に、ありがとうの心で接することです。

ちょっとした心がけで、どたんばは防げます。せめて人生の最後は、感謝をもってゆったり過ごしたいものです。

あの世へ行ってまで、どたんば劇を演じたくありませんからね。

8　成り行きまかせの「行き当たりばったり病」

前節の「どたんば病」が高じると、「行き当たりばったり病」が発症します。

「なに、目的を持て？　目標にそって具体的な計画を立てろだって？　寝ぼけるんじゃないよ。それができれば今頃はどこかの社長になってるさ！　庶民の生活は成り行きまかせの『行き当たりばったり』でいいのさ……」

このように、成り行きまかせに生きている人は多いようです。

仕事は、与えられた時間一杯かかるもの

今日中にやらなくてはならない仕事は、どんなに忙しくても一日でやってのけます。同じような仕事でも、時間に余裕があると、時間一杯かかってしまうものです。一日でできる仕事が、一週間かかってやっと終えることになります。

その理由は単純です。時間がたっぷりあると、ひょいと顔を出した誘惑に思わず飛びついてしまうからです。テレビ、ゴルフ、デパート巡り、日帰りパック旅行など、予定外のことに「行き当たりばったり」脱線するからです。これが衝動行動です。

衝動に振り回される人は、切羽詰まらないと、本来の仕事にかかりません。「まぁいいか」と、のんびり構えながら、どこか焦っています。だからいい仕事ができません。

家計費は、有り金一杯かかるもの

不景気な今、どの家庭も家計が苦しいですよね。

「せめて、月にあと三万円あったらなぁ」と思っていたら、部長に昇進！　月給が三万円アップしました。生活は楽になったはずなのに、奥さんの不平・不満は変わりません。いつも通りに生活費が消えて、「あと三万円あったらなぁ」と、ぼやきは続きます。

お金と時間はそんなもの。あればあるで、いつの間にか消えています。あるだけ使うのが、「行き当たりばったり病」の症状なのです。

ウィンドーショッピングしていると、珍しいものを見つけて思わず財布のひもが緩みます。

陳列のご馳走に目を奪われ、ふらっとレストランに飛び込んだりします。衝動にかられると事態は思わぬ方に向かうものです。反省や抑制が大事ですね。

一方に、「行き当たりばったり」のよい例外もあります。

アメリカで二週間、レンタカーによる気ままな旅行をした時のことです。田舎町の洒落《しゃれ》たモーテルに大満足。ひなびたレストランの「ママのバーガー」のおいしかったこと！　意外なもてなしに、「おいしい！」「すごい！」を連発。仲間もみんな大満足。気に入ったので二泊して、その辺りの風景と人情を楽しみました。

この場合、「行き当たりばったり」そのものが計画だったのです。だから、これはこれでいいでしょう。でも、通常の「成り行きまかせ」はよい結果を生みません。

心意気が小さければ、
人生は空しく短い。
気高く強い心意気があれば、
人生は豊かに長く保たれる。

「行き当たりばったり」の生き方を続けていると、どこかで本当にばったり倒れてしまいます。「ばったり」とは、立ち上がれなくなってしまうことです。「あっ、しまった！」と思ったときにはもう遅いのです。生きるには「毎日の設計」が必要です。

若くても、中年でも、熟年でも、老年でも、人は岐路に立たされます。何歳であっても心意気のある人は「青春」を生きているのです。よい道を選びたいですね。

もう一度、自分自身と環境を吟味してみましょう。そして……、

成り行きまかせの「行き当たりばったり病」にサヨナラを告げましょう。

9　一文字ちがうぞ「やれなかった病」

「楽しいことなんてほとんどなかったのに、あなたもう終着駅に到着なの!?」

「そうだよなぁ、こんな風に人生は終わりを迎えるのか……。あれもやれなかったし、これもやれなかった。貧乏ヒマなしだったからなぁ……」


やれなかったのではない。

やらなかっただけだ。


たったの一文字「れ」と「ら」の違いなのに、ここには天と地の違いがあります。「やれなかった」のは「やらなかった」に過ぎないのです。

反論できません。悔しいけれど、そう認めざるを得ない自分がいます。

誰もが持つこの痛い経験。この背景には、人生を左右する「何か大切なもの」が垣間見られます。それでちょっと反省……。
「やれない」「やらない」の一文字ちがいを応用すると、事態がハッキリしてきます。

原稿は書けなかったのではなく、書かなかったのだ。
本は読めなかったのではなく、読まなかったのだ。
寄付は出せなかったのではなく、出さなかったのだ。
チャンスに飛びつけなかったのではなく、飛びつかなかったのだ。
集会にも同窓会にも行けなかったのではなく、行かなかったのだ。
自分の足で歩けなかったのではなく、歩かなかったのだ。
種は蒔けなかったのではなく、蒔かなかったのだ。

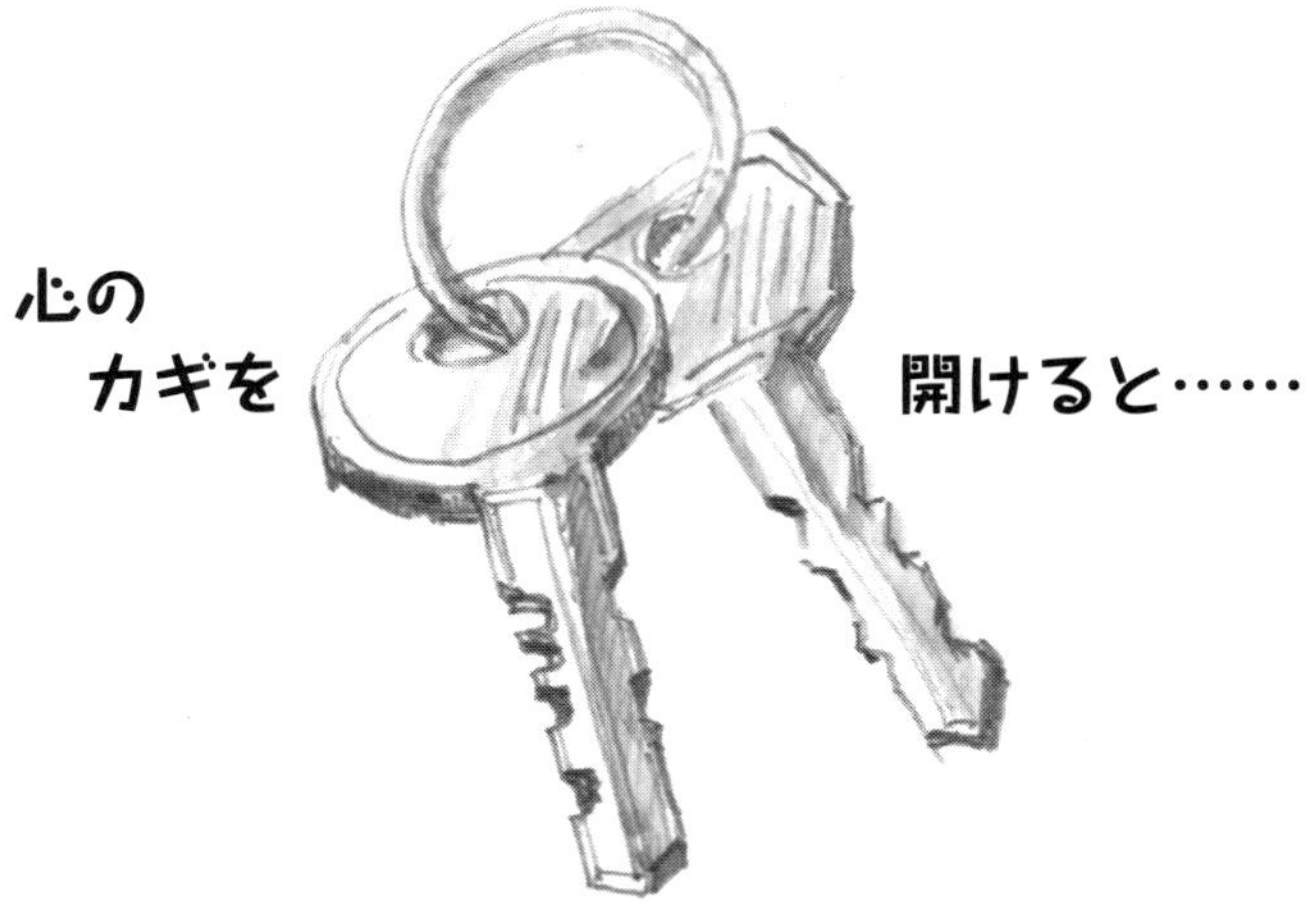

生きる目標がハッキリしていなかったり、自分の意思が弱かったために、「やらなかったこと」は山ほどあります。そのどれにも「やれなかった」理由をつけるのが人情です。

でも、やれなかった理由をいくら並べても人生は好転しません。

江戸時代の米沢藩（山形県）に、上杉鷹山という藩主がいました。十七歳のとき他藩から藩主として迎えられ、上杉家を継いだのです。藩主とはいってもまだまだ若輩。家老や上級武士たちからさまざまな嫌がらせを受けました。

当時の米沢藩は経済的にひっ迫していました。それを立て直すため、鷹山は自ら率先して藩内のしきたりを改めようと努めました。質素倹約と産業発展に工夫をこらしたのです。

受けつぎて　国の司《つかさ》の　身となれば　忘るまじきは　民の父母

親が子の養育のために心身を投げ出すように、藩主も民のために身を捧げるべきであるという決意がこの歌に込められています。

領地の田畑で働いている農民に、馬から降りて話しかけたり、下級家臣に親しく声をかけたり、自ら植樹したりしたのです。武士にも、刀の代わりに鍬を手にして働くことを義務づけました。藩主がそのような行動をとることは、他に類例をみません。領民からは尊敬され慕われたのですが、城内では疎んじられました。当時としては当然の成り行きです。このような背景から、よく知られる次の歌が詠まれたのでした。

為せば成る　為さねば成らぬ何事も　成らぬは人の　為さぬなりけり

為すというのは行動すること。成るというのは成就すること。要するに、「できないのは、やろうとして努力しないからだ」というわけです。この歌を鷹山は家臣に教訓として詠み与えたのです。

やがて家臣たちに信頼され尊敬を受けるようになった鷹山は、米沢藩をその困窮から救うことに成功したのでした。現代の我々にも鋭い示唆が与えられます。

これに先立って武田信玄の歌に、「為せば成る　為さねば成らぬ　成る業を　成らぬと捨つる　人のはかなさ」というのがあります。「やらなかったのにできなかったと言うのは、あまりに情けない」というわけです。

鷹山の歌は信玄の変え歌とも言われていますが、行動を重んじる姿勢は同じです。興味深いことは、ケネディ大統領が上杉鷹山を尊敬し、この歌を座右の銘にしていたことです。自らを律し、率先して実践することへの共感が伺えます。大統領のおかげで、鷹山は卓越した為政者として日本社会でも広く知られるようになりました。その人柄と教訓は多くの人の励ましとなっています。

とにかく、「やれなかった」なんて逃げ口上はみっともないですよね。自分が惨めになるだけです。潔く、やらなかった自分に立ち向かおうではありませんか。せめて、ひとつのことに集中したらどうでしょう。心を込めれば必ずやれます。ひと山越えたら次の山を目指す……。そう、それでいいのです。

山は逃げない。
逃げるのは自分の心だ。
やる気があれば、
必ずできる！

10　後悔先に立たずの「おそかりし病」

生きていると、「あの時、ああしておけばよかったな」とか、「あんなこと、しなければよかったのに」とか、悔いることがいくつもありますね。

十九世紀のアメリカの詩人、ジョン・G・ホイッティアの詩の一節に、「この世に悲しきことば多けれど、『かくなりえしものを』こそ悲しみの極みなり」というのがあります。

It might have been. という言葉は、「(あの時こうしておけば)、こうなったであろうものを」と訳せるでしょう。悔いる心が滲《にじ》み出ていますね。ほんとに悲しい言葉です。

英会話：アメリカに来たのにこの有様だよ！　あの時やっておけばなぁ……！

健康診断：えらいことになっちゃったよ！　人間ドックを受けてさえいたら……。

子供の教育：うーん、ちょっと甘過ぎたかな？　もっとムチを使うべきだった。

結婚：「プロポーズ、あの日に還《かえ》って断りたい」―この川柳、多くの男性の代弁者。

恩人への感謝：あの先生も逝っちゃった。ずいぶん世話になったのに……。
親孝行：「親孝行したいときには親はなし」とは、よく言ったもんだよ。寿命はあと一年ぐらいだと思っていたあの頃、やればできたのに……。結局、孝行らしいことは何もしなかったなぁ。感謝と真心がないよ、俺には！　このバカヤロー！

誰にだって、いくつもの後悔が思い浮かぶでしょう。仕方のないことですね。それが人生です。「後悔先に立たず」という諺がしばしば引用されるのも、もっともなこと。

なぜ人は後悔するのでしょうか？　日常の生活における感謝・真剣さ・未来への見通しなどが甘いからと考えられます。「後悔は平日の油断」という諺もありますが、まさにそのとおり。「しまった！」と虚をつかれ、うろたえて、泣きを見るのです。

私の経験した二つの大きな後悔は、親孝行と恩人への感謝です。この二つには、いまださいなまれます。救ってくれたのは「後悔は知恵の糸口」という諺です。

後悔を続けていたのでは経験は活かされません。知恵の糸口をひも解いていくと、積み重なった一つひとつの経験が、自分を変える原動力になります。後悔は変容して、前向きの意欲になるのです。そういう思いで生きていくことが大切ですね。

過去は過ぎ去った時間と出来事。
元に戻すことはできない。
前を見よ。
そして、歩め。

過去にこだわっていたのでは、人生は暗くなってしまいます。後悔とは文字通り「後ろのことを悔いる」ことです。これを前向き思考で見直してみましょう。
それには、あのことこのこと、あの人この人を頭に描いて、もうちょっと真剣に毎日を生きることです。いいですか、「真剣に」ですよ。

真剣の剣は、
相手にではなく、
自分に向けるべきもの。

真剣に生きると、後悔は新しい意味をもって迫ってきます。その結果、今日という一日が明るく前向きに過ごせるようになり、あなたは新しい居場所に立つことができます。

後ろを振り返るのは、反省する時と追憶を楽しむ時だけです。一日の大半はしっかり前を向いて歩むべきですね。

「しまった！」という後悔から学んだ貴重な教え。

さあ、気持を新たに、明るい未来へ飛び出しましょう。

第二章　欲しいものがいっぱいあるのに（欲望編）

1　隣の芝は青い「羨ましがり病」

「隣の奥さん、魅力的だなぁ！　若くて、きれいで、明るくて。ユーモアのある話し方には教養が滲《にじ》んでいるし。それに比べて我が家の山ノ神は……」

こんなことは、夢ゆめ奥さんのいるところで口にしてはいけません。たとえ心でそう思っていてもです。もっとも奥さんだって「青い芝」を心に秘めているかも……。

得てして人のものはよく見えます。でも、これって錯覚なんですよね。こちらから斜めに見るから、隣の芝生は青々と見えるんです。隣へ行ってごらんなさい。庭は穴ぼこだらけのハゲチョロ。はびこっているのは名もない雑草ばかり。

隣の家：いいよなぁ、立派できれいで……。俺んとこは、がらくたばかり！
隣の子供：秀才で、ピアノが弾けて、可愛くて……。それに比べ、うちの子はなぁ。
町から田舎を、田舎から町を：田舎に憧れた町ネズミが、田舎ネズミを訪ねました。ところが、トウモロコシや野菜だけの質素な食事にびっくり。可哀想に思って、田舎ネズミを町に招待。台所のチーズやご馳走を食べようとしたら人の足音。大慌てで逃げ出したら猫とバッタリ。田舎ネズミは青くなって田舎に戻りました。どちらのネズミにとっても、憧れの地は理想郷ではなかったのです（イソップ物語）。

山から海を、海から山を：日本の神話に海幸・山幸の説話があります。山で狩りばかりしていた弟の山幸彦は、ある日、海で釣りをしている兄の海幸彦を訪ね、道具を取り替えます。慣れない釣りで山幸彦は魚に釣り針を奪われてしまいます。怒った兄は弟を殺そうとしますが、逆に弟にやられてしまいました。仲たがいしてしまった兄弟。二人ともそれぞれ、自分の領分を守っていればよ

かったのです。(この説話には、色々な説や後日談があります)

人はない物に憧れ、欲しくなります。男は女を、女は男を。貧乏な人はお金を、独り者は賑やかな家族を。誰にも相手にされない寂しい人は、やさしい愛を……。

若い頃、印象的な英語の言葉に出会いました。

Be satisfied with what you have and with what you do not have.

訳しにくい英語ですね。「持っているものと、持っていないものとで満足しなさい」というのが直訳です。これは要するに、「持っていなくても満足しなさい」ということですね。次のように訳すこともできるでしょう。

欲しがってばかりいないで、
今持っているもので満足しなさい。

そうはいっても、やっぱり欲しい物は欲しいですよね。それが凡人の心です。

たとえ持っていても、さらによい物が欲しくなります。これは必ずしも悪いことではありません。欲しい物を手に入れようとするために向上心が生まれるのですから。ただ、「欲しい」が「むさぼる」になると危険です（次の節でもっと詳しく説明します）。

山には山のよさがあり、海には海のよさがあります。町にも田舎にも、それぞれのよさがあります。お隣さんにもあなたにも、それぞれの素晴らしさがあるはずです。


相手のよさを素直に認めて賛美する。

自分をいたずらに卑下しない。

みんな違って、みんないい。


あなたのよさを輝かせるものは、物事を大事に扱う心です。どんな物も大事にされると価値を高めます。不思議な現象です。

あなたの心を大事にしてください。人にも物事にも笑顔で接してください。

笑顔は先手必勝の魔法です。

2 あれもこれも「欲しいほしい病」

人間はほんとに欲張りです。私もその仲間で、欲しいものばっかり。いつでもどこでも、獲物を横目で睨んでいます。情けないですよね、ほんとに……。

今、私がいちばん欲しいのは自動車。何しろ愛車は二十年も付き合った車です。古くても走りがいいので、強い愛着があります。ただ、ガソリンを食うのが珠に傷。その上、いつどうなってもおかしくないので、遠乗りが怖くなりました。

戦争直後の何もない時代を生きてきた私にとって、今の生活は王侯貴族をしのぐようなもの。「質素に」贅沢三昧しているのに、まだ足りない……。大量消費時代に生きてきた中年層や若者が、「欲しいほしい病」にかかるのも無理ありません。

あれも欲しい、これも欲しい。
「欲しいほしい病」のはびこる社会。

くさびを打つのは「私の心」

「死ぬまでに自家用ベンツに乗ってみたいよ！」

「せめてあのくらいの家があればなぁ！」

「物が欲しけりゃ、まず金だよ。金さえあれば何でもできるんだから」

「いやいや、とにかく健康だよ。健康でありさえすればなぁ」

「打ち出の小槌は昔話にあるだけなの？　アラジンの魔法のランプは、遠いアラビアにしかないの？　私だって、シンデレラみたいな魔法にあやかりたいわ……」


欲望はとどまるところを知りません。でも、これって自然ですよね。それなのに宗教家や識者といわれる人たちは言います。

欲望にはきりがない。
欲しい、ほしい、と思っているから
不幸になるのだ。

そうかなぁ？　必ずしもそうとは思わないけど……。

聖人君子ならいざ知らず、普通の人間であれば、ない物やいい物を見れば欲しくなります。これ、自然な心の動き。悪いことでも罪でもありません。「欲しい」が「むさぼる」になると問題が起こるのです。これこそが宗教家のいう「罪」です。


「欲しい」は人の向上心を刺激し、意欲をかき立てる。

「むさぼる」は人の品位をおとしめ、交友を乱す。


むさぼるとは、際限なく欲しがることです。そこにはさもしい人間性が表れます。次のような表現がそれを証明しています。

「むさぼるように食う」「暴利をむさぼる」「安逸をむさぼる」「惰眠をむさぼる」

残飯をむさぼる野良犬にはなりたくありませんよね。欲しいほしいの心は、むさぼりに移行する傾向にあるのです。

むさぼらざるを以って宝となす。

そんな諺もあります。「欲しい」を「むさぼる」まで高めないことが平穏な心を保つコツです。
理屈ではわかっても、どうしたらそれが可能なのでしょう。この難問を解くカギは、次の節を読んでから、二つ先の節で良寛和尚に教えてもらいましょう。

3　やっぱりブランド「セレブ妄想病」

今は不況で物が売れません。それなのに街を歩くとブランド品を身に着けた人をよく見かけます。不況なのに高級品は売れるらしいのです。これって、お金持のお遊びなのでしょうか……？

いやいや、そればかりではなさそうです。お金があるわけでもないのに、ブランドで身を固めている女性をよく見かけます。そういう男性だってかなりいるようです。

ブランド嗜好《しこう》だからといって、別に悪いわけではないし、目くじらを立てるほどのこともありません。そうしたければ、それはそれでいいじゃないですか。

でも、やっぱり気にかかります。これが持てない者のひがみ根性でしょうか。自分の品位が下がるけれど、嫌味のひとつも言いたくなります。

「ほら見て、あの人。上から下まで身に着けてるのは全部エルメスよ。バッグ、時計、スカーフ、きっとサイフもそうよ。百万を越えるわね」
「あのネックレス。目がくらんじゃうわ」

「ああいうのはね、ネックレスって言わないいんだよ。首飾りっていうのさ。ほら、あのでっかい宝石の数々。これ見よがしの身のこなし。見栄っ張りで愚かさの象徴さ」

「カッコいいよなぁ、あの初老の紳士。パリっとした着こなしに、手にしたカバン。あれ、ダンヒルかな？　バーバリーかな？」

颯爽《さっそう》と町を行くブランド姿、
得意気なのが哀れを誘う。
そのコーディネート、
はた目には何ともアホらしい……。

いや、失礼！　あなたのことを言っているのではありません。ときにはブランド品を身に着けていても、ドキっとするほど素敵な女性を見かけることもありますから……。

不況、不況と言っても、やっぱり日本は豊かなんですね。

ヨーロッパへ行っても、アメリカの街を歩いていても、日本ほどブランド品を見かけることはありません。そこそこの品物をなんとか使いこなしています。親しみを覚えます。

ところで人は、なぜブランドを好むのでしょう。斜視的偏見で眺めると……。

ブランドに走るのは、
自分に自信がない人。
人には負けたくないから、
ブランド品で身を包む。
そして、
自分の心を欺き、
人の目をごまかす。

「なに、質実剛健？　ダサイよ、そんなの。それは物のない時代の歴史上の遺物だよ。今は利便の時代。いい物、便利な物が溢れている。それを利用しないなんてアホらしい。人間社会は進歩するんだよ。ちょっとの贅沢で満足できれば安いもんさ」

なるほど……。時流に乗るのが賢い生き方ってわけ……。それもいいでしょう。

内面が外見につり合ってさえいれば、それでいいのです。

ブランドに見合う内面を備えた人。
その人こそが、本物のセレブ。

4　欲張りの「過ぎたるは及びがたし病」

「欲しい」で問題なのは、むさぼる心。仏教でもキリスト教でも、むさぼりを厳しく咎めています。むさぼりは我が身だけでなく、人の命をも傷付けるからです。

厳しい時代のユダヤ教では、むさぼりは「石打ちの刑」でした。こぶし大の石を群集に投げつけられて殺されるのです。怖いですね。日本に生まれてよかった！

「過ぎる」という思いや行為は、一般的にいいことではありません。だからこそ、

過ぎたるは及ばざるがごとし

という、孔子の名言があるのです。物事には程度というものがあり、度が過ぎると足りないのと同じだというわけです。過不足ないのがいいわけですね。

もっとも、これには反論する人もいます。私も部分的に反論したいのですが、ここでは常識

的な理解を取り上げましょう。
もし、次のようなことが「過剰」になったら、いったいどうなりますか？

疲れ：働き過ぎたり、遊び過ぎたり、ぐうたらし過ぎたり。ふぅ～っ、もうアカン！
睡眠：寝不足で朝からぼんやり。身体も心もフ～ラフラ。
不満：欲求不満が膨《ふく》れる。その結果、ストレス、妬み、憎しみ、盗み、人殺し！
速度：スピード狂。何も地獄へそんなに急がなくても！　とばっちりは御免だよ。
時間：これはしまった、寝過ぎたぞ！　ついに遅刻の常習犯。過ぎた時間は戻らない。
食事：あんなに食べなきゃよかった！　胃がおかしい。あぁ、アホらしい！
脂肪：ほら、そこのブクブクのお腹とお尻。哀れというか、滑稽というか……。
自慢：聞いちゃいられないね。ダメな奴こそ自慢する。
心配：あれも気になる、これも気になる。ハラハラ、オロオロ。もう、気が狂いそう！
希望：希望は理性と意欲の交差点。希望し過ぎた貪欲はどん底に通じる。
お金：こればっかりは「あり過ぎることはない」と思うけど……。でも、お金もあり過ぎてはいけないんです。ほら、あり過ぎて身を滅ぼす人だっているじゃないですか。多いですよ、そういう人。これも貧乏人のやっかみかなぁ？

とにかく、「過ぎる」ことはよくありません。身の程を知るべきです。身分相応がいいのです。料理が下手でも、頭が悪くても、運動ができなくても、欲しいものが手に入らなくても、それはそれでいいのです。理性と意欲で希望に向かっていくのが人生です。

新潟県出雲崎の里山に、小さな庵があります。江戸時代後期に活躍した良寛和尚が住んでいた、ひと間だけの庵です。そこを訪ねると、良寛様が使ったと言われている柄杓《ひしゃく》や籠などに、墨で「おらがの」と書いてありました。

「おらがの」とは、その地方の言葉で「私のもの」という意味です。その真意は、

手にしたものは、すべて「私のもの」

ということ。庵を訪ねた人が柄杓を手にすれば、それは「その人のもの」なのです。

この考えによれば、良寛様が「手にしたもの」「見たもの」は、すべて良寛様のものなのです。私物を持たなかった良寛様は、質素でありながら、世界のすべてを所有していたと言えるでしょう。良寛様の考え方と生き方には、ただ感嘆するばかりです。

アッシジのフランシスコ、マザー・テレサ、アルベルト・シュバイツァーなどもそうですね。他にもこういう人はいます。現代にだっています。人間社会はそういう人たちによって支えられているんですね。ありがたいことです。

「過ぎる」というのは、正常から異常に移ること。

異常の世界に生きる勇気と覚悟のない人は、正常の世界にとどまるのがいいのです。欲張り過ぎてはいけません。

一方、良寛様のように生きることもできません。つつましく正常の世界で、中庸の道を歩みましょう。

5　おいしいのよ「もう一つがやめられない病」

豊かな時代です。どの家のタンスにも着なくなった衣服が溢れ、冷蔵庫には賞味期限の切れた食品が居座っています。街にはブランド品と贅肉《ぜいにく》が闊歩《かっぽ》しています。

「おいしいのよね、このごはん。どうしようかなぁ。まぁいいや、もう一杯！」

「いいじゃないの、ごはんの一杯やケーキの一つぐらい。遠慮なく食べなさいよ。食べない方がストレスでしょ？」

食べてもストレス、
食べなくてもストレス。
あぁ、ややこしい。
でも、
選択権はあなたにある。

「もう一つがやめられない病」は、伝染力・応用力が抜群。この病は色々な方面に波及していきます。「もう一回」「もう一本」「もう一杯」などがその仲間です。テレビの番組も、もう一つ。テレビゲームも、もう一回。マージャンもパチンコも、もうちょっと。たばこやお酒も、もう一本、もう一杯。はしご酒に酔い潰れてバッタンキュー。あとは野となれ山となれ！

楽しさはいつの間にか惰性になります。気がついたときには、「体の生活習慣病」や「心の生活習慣病」に取り憑《つ》かれています。悪い習慣は早めに退治しないと手に負えなくなるものです。

だから、

「もう一回」

「もう一つ」の
方向転換をはかろう。

目標に向かっての毎日の歩み。遅々として進まない。道は遠いのに気力が薄れ、いつしか目標が霞んでくる。「あぁ、俺はダメ人間!」。

いやいや、そうではありません。あなたはすごい能力の持ち主です。ほんのちょっとだけ、歩いている道の角度を変えれば、それでいいのです。そうすれば、あなたのボールはグリーンに乗ります。ほんの一度調整すれば、ボールはカップに吸い込まれます。

もう一息
もう一息というところでくたばっては
何事もものにならない。
もう一息
それにうちかってもう一息
それにも打ち克ってもう一息。

もう一息
もうだめだ
それをもう一息
勝利は大へんだ
だがもう一息。

これは作家、武者小路実篤の『もう一息』という詩です。実感がこもっていますね。勇気が与えられます。やる気が出てきます。

回り道も脱線も、ときにはいいでしょう。軌道に戻りさえすればいいのです。人生で大事なのは、進むことと同時に、立ち止まることと退くことです。ダメなことに気づいたら中止して原点に戻り、新しく出直すことです。出直すとは、もう一つ、もう一杯、もう一回の、方向を調整することです。強い意志とちょっとの工夫が必要です。

しんどいけれど目標に向かって、もう一歩、もう一息。
努力は人を裏切りません。

6　こんな体じゃダメなの「健康でさえあればなぁ病」

明るく楽しい人生を送るために、どうしても必要なものは元気です。健康です。健康でなければ、どれほどお金があっても、仲のいい家族や友人がいても、旅行にも出かけられません。おいしいものを食べに行くこともできません。だから健康が第一です。

病人は健康に憧れます。健康に過ごしたいのは誰にとっても当然のことです。自然な心の動きです。病弱だった私はいつもそう思っていました。

健康でさえあれば、もっと積極的に活動できるのに……。いつもみんなに迷惑ばかりかけていて……。情けないなぁ、申し訳ないなぁという毎日でした。

健全なる精神は　健全なる身体に宿る。

よく知られた諺ですね。いい言葉だけに、私は数年にわたって「健康第一」を年頭所感の書き初めにして書斎に飾りました。

ある時、ふと、「これはおかしいぞ」と思いました。これでは身体障害者や病人には、健全な精神が宿らないことになってしまいます。冗談じゃありません。

その後にわかりました。「健全なる身体」とは、「神に与えられた身体の享受」であることが。「健全なる身体」とは、「健康な五体満足」を意味しているのではないのです。

さらにまた、新年の第一目標が「健康第一」であることの不甲斐なさを思い知らされました。人生にはもっともっと大切なことがあるではないですか。これに気づいてゆったり気構えたら、健康状態がゆっくり改善されてきました。不思議な自然の摂理です。


『五体不満足』を書いた、手足に障害のある乙武洋匡さん、『鈴の鳴る道』を書いた、首しか動かせない星野富弘さん、これほどの健康人が、ほかにいるだろうか……。


お二人は、健常な人よりはるかに健全な精神をもって、大活躍しているではありませんか。

このほかにもまだまだすごい人はいるでしょう。感銘を覚えます。

多くの病気は日常生活の失敗に起因していますね。しかし、病気は人生の失敗でも悪でもありません。むしろ善なのです。病気は生活習慣の悪かったことを示唆する、ありがたい警告です。病気を土台に生活習慣を改めればいいのです。改めないことが失敗です。

腹八分目に医者いらず。
早寝早起き病知らず。
万の病は心から。

誰もが知っている諺は、医学的にもその効用が立証されています。いたずらに病気を恐れたり、漫然と健康を望んだりするのではなく、まずは心の姿勢を正したいものです。自然治癒力を尊重し、体の声を聞く感性を身につけることが肝要でしょう。

私の理解では、三十歳を過ぎたら持病があるのは当たり前。それも十年ごとに一つずつ増えていきます。四十歳は二病息災。五十歳は三病、六十歳は四病、七十歳は五病息災です。「思い込み持病」で通院を続けていると、病気はますます増えていきます。

健康であるに越したことはありません。でも、病身であったからこそ生きる本当の意味に目覚め、素晴らしい生涯を送った人は数多くいます。「心の健康」が「健康的人生」を決定するのです。心の向き、心のベクトルが大切です。

健康よし、
病気もよし。
快食、快眠、快便、快働、快心の
五快に生きよう。

はじめの三つはよく知られていますね。
ここでいう快働とは、気持よく働いて、他者に尽くすことです。快心とは、今の自分と環境を快く受容し、与えられた恵みに感謝して生きることです。
病気に感謝できるようになると、人生は明るく微笑んでくれます。

7　愚痴と不満の「ため息病」

人生って、思うようにいかないものですね。願っていることは訪れず、その反対ばかりが押し寄せてきます。不満が募って、つい愚痴が出ます。ため息で顔つきすら歪んでしまいます。ため息の行き先には、暗い人生が待ち受けているのに……。


「どうして私ばかりが料理しなくてはいけないの!?　共稼ぎなのに……」

「スーパーへ行っても買いたいものは横目で睨むだけ。嫌になっちゃうわ！」

「こんな台所で、おいしいものが調理できると思ってんの!?」

「隣の奥さん、今日も来て愚痴三昧よ。うっとうしいったらありゃしない」

「テレビなんか見るヒマないのにひどいじゃない、ＮＨＫ。集金に来たりしてさ」

「疲れてるのにまた残業かよ。ひどいよなぁ、俺の会社は！」

「今朝もパンに牛乳か。野菜不足だっていうのに……」

「俺が稼いでんのに、なんで嫌味付きの小遣いしかもらえないんだ⁉」
「家に帰っても女房の愚痴を聞かされる。おい、どっかで一杯やらないか……」

愚痴だ、不満だ、ため息だ。
朝から晩まで鳴りつづく。
家の雰囲気くらくなる。
会社の居場所も悪くなる。
愚痴はますますふくらんで、
溜め息ばかりがつづいてく。

こういう不機嫌な人は誰にも好かれません。誰にも頼りにされません。孤立していきます。家庭でも、会社でも、地域社会でも……。その現実に気づかないでいると、不幸という渦巻きに呑み込まれます。その結果、不幸な人生を終えることになります。

愚痴をこぼすのが趣味であるなら話は別。それはそれで楽しいことなのだから、思う存分続ければいいでしょう。

幸運の女神は寛容で人がいい。
あなたが好きな愚痴を言えるよう、
その原因を与え続けてくれる。

いいじゃないですか、それで。
でもね……。

「体の具合が悪くてねぇ」とふさいでいる人には、病気が忍び寄ります。
「お金がなくて困っているのよ」と愚痴っている人には、貧乏神が移り住みます。
怒るのを趣味にしている人には、怒りたくなることが続いて起こります。
めそめそしている人には、ため息をつくことばかりが近寄ってきます。

そうなんです。物事の向きを示すベクトルは、簡単には向きを変えてくれません。破壊力をもつ強い決意が必要です。早いうちに現状を認識し、姿勢を正しましょう。
物事には裏と表があります。嫌なことや辛いことにも、角度を変えるといいことや嬉しいことが見えてきます。幸運も不運も、あなたの心が決めるのです。

星野富弘さんは電動椅子で散歩します。ガタンとするデコボコ道が大嫌いでした。

あるとき鈴を贈られて、それを椅子に吊るしました。すると、デコボコに落ちるたびに、チリリンと可愛い音が鳴りました。それからというもの、星野さんはデコボコ道が大好きになりました。それが『鈴の鳴る道』という詩画集になったのです。

マイナス思考の「暗いため息」から、プラス思考の「明るい意欲」への転換です。

工夫と心のもちかた次第で、ベクトルの向きは変わるのですね。

や・さ・し・い・こ・こ・ろ

8　出し惜しみの「ケチケチ病」

人間を気前の良し悪しで分類すると、三種類に分けられます。気前のいい人一割、悪い人五割、その中間が四割。これは人間だけのことではありません。あらゆる企業にも同じことが言えます。私の独断と偏見による分類です。「ケチケチ病」にかかっている人や企業は、同時に「欲しいほしい病」や「過ぎたるは及びがたし病」の患者です。合併症に苦しんでもがいている病人です。

持ち過ぎるようになるまで欲しがる人は、
出ししぶる。
ケチになる。

チップを払うべきときにも出さないし、喫茶店での割り勘でも出ししぶります。災害の募金などどこ吹く風。チャリティーバザーにも出品しません。市町村のボランティア活動なんてアホらしい……。金品だけでなく、時間も労力ももったいない！

「ケチケチ病」の人はたいてい視野が狭く、行動範囲も小さいものです。生活そのものが縮こまっています。金がたまらないことや、欲しい物が手に入らないことを、くどくどとぼやきます。あげくの果て、「不平・不満病」や「ため息病」を併発してしまいます。

「儲けること」を第一目標にしている会社があります。小売業のお店もレストランも、製造業も運送業も、儲け主義になると粗悪品を扱い、客へのサービスは悪くなります。あげくの果ては、「ごまかし」という悪に手を染めます。ニュースでよく見る姿です。

「儲けたい」は、
会社の信頼を損ない、
評判を落とす。
人間関係は乱れ、
ギクシャクした疑心暗鬼が生じる。

「儲けたい」は、逆効果を生むんですね。

一方、元気のいい企業は社員も明るく、のびのびしています。サービスがいいですね。だから客は感動します。リピーターになります。これが会社の儲けにつながります。

私はかつて、「欲しいほしい病」や「ケチケチ病」の重症患者でした。

心の病気は体の病気と連動するようです。ケチケチと出し惜しみしたので、ひどい便秘になり、心身の調子が崩れてしまいました。喘息持ちの私は空気が吸えないで、酸素不足の呼吸困難……。地獄の苦しみを何度も味わいました。

あるとき、見舞いに来てくれた近所のおばさんが背中をさすりながら言いました。

吸おうとしないで、力を込めて吐けば息は楽になるみたいよ。

このひと言に救われました。私は変わりました。生活だけでなく、私という人間そのものも変わったのです。出せば入る！　この真理を実感したのです。

肺の中に炭酸ガスがたまっているから空気が吸えないのです。腸に食べかすをため込んでいるから食欲がないのです。出せば気持よく入るのです。単純な真理です。

心の欲で体の具合を悪くしていましたが、呼吸法を改めることで心の病も癒されました。その結果、世界は広く、すべては明るくなりました。

出し惜しみして、ケチケチと縮こまっていたのでは、人生もったいない！

幸せ人生の魔術……おおらかに出す

これだけで人生は変わります。会社の業績も好転します。試す価値は大ありです。

神仏は「おおらかな人」に、おおらかに応えてくださるからです。

9　もう限界だ！「神も仏もあるものか病」

「苦しい時の神頼み」という諺があります。人間は弱い存在です。とことんまで追いつめられ、極限状態に落ち込むと、人は思わず神や仏にすがります。

準備不足の試験の時、合格発表の時、飛行機が乱気流で揺れた時、子供や親が救急車で運ばれた時、宝くじの抽選の時、そのほか、思いがけない不運に見舞われそうになった時など、「神様、お願い！」と、心の中で叫んだことがありませんか？

イギリス聖公会の司祭であったジョン・ニュートンは、はじめ奴隷商人でした。気のすすまない嫌な仕事でしたが、手っ取り早く金を稼ぎたかったのです。貧しかった彼の生活は、

「神も仏もあるものか！」

とばかりに荒れていました。

あるとき彼は、アフリカからイギリスへ船で奴隷を運んでいました。その途中、ものすごい

嵐に遭遇。大波に揉まれた船は今にも沈みそう。今にも粉々になりそう。壁に体を叩き付けられたジョンは思わず、

「神様、助けてください！」

と、叫んでいました。

運よく船は沈まず港に着きました。そのときジョンは深刻に考え込んだのでした。神など信じていなかった自分が、どうして神の名を叫んだりしたのだろう……？

折しも出会った司祭に、彼は「苦難の中に働く神の摂理」を教えられました。やがて回心した彼は、洗礼を受けてクリスチャンになったのです。

その後、苦しんでいる人たちを救おうと、ジョンは神学を学んで司祭になりました。日本でもよく歌われている賛美歌、『アメージング・グレース』の歌詞は彼の作品です。そこには、神の恵みによって罪から救われた事情が印象的にうたわれています。

旧約聖書ヨブ記の主人公であるヨブは、神の前に正しい立派な人でした。神の祝福によって、家族と財産（多くの家畜や使用人）に恵まれ、幸せに暮らしていました。

ある日、突然、外敵や大風によって、すべての家畜を略奪され、使用人や七人の息子と三人

の娘を殺されてしまいました。全財産を失ったのです。不幸の極限状態の下で、ヨブの口から出てきたのは驚くような言葉でした。

私は裸で母の胎を出た。
裸でそこに帰ろう。
主が与え、主が奪われた。
主の御名は誉《ほ》むべきかな。

ヨブ記一章

その後、彼はひどい皮膚病で苦しめられました。のた打ち回る夫に向かって、妻は非情な言葉を投げつけてきたのでした。

「ひどい仕打ちをする神様ね。いっそ、呪って死んだらどうなの！」

責めたてる妻の冷酷な言葉に、ヨブは穏やかに答えました。

私たちは神から幸せをいただいている。
不幸もいただこうではないか。

ヨブ記二章

神への信頼をヨブは失わなかったのです。しかし彼には、正しいはずの自分に与えられた苦難を、素直に受け入れられません。苦悶の日が続きました。

やがて、神からの語りかけによって、ヨブは苦難に秘められた深い意味を悟りました。ヨブへの神の恵みと祝福は、いつもヨブを包んでいたのです。神に対するヨブの純真な信頼は、こうして回復されたのでした。

苦境の中で、「神も仏もあるものか！」と神仏を呪いたくなるのは自然の人情。気が済むまで呪ったらいいのです。神や仏はそんなあなたを慈愛の目で見ておられます。

実は、今の苦境の中にこそ神仏の恵みはあるのです。

いつの日にか気づきが与えられます。ジョン・ニュートンのように、ヨブのように、幼子が母にすがるように、信頼して謙虚に祈ってみたらどうでしょう。

神も仏も、きっと応えてくださいます。

10 もっと、もっと「幸せになりたい病」

嫌なことばかりで落ち込んでいる人。
平凡な生活の中で、物足りなさを感じている人。
いろいろなことが気になって、ぐっすり眠れない人。
気落ちして、ちっともやる気の出ない人。
朝目覚めると気分が重く、ため息ばかり出る人。

人生は辛いですね。もっと、もっと、幸せになりたいですよね。
だから考えます。

今よりも、もうちょっと……。
お隣の家族よりも、もうちょっと……。

会社のあの人よりも、もうちょっと……。
豊かな国に負けないほどに、もうちょっと……。
もうちょっと、もうちょっと……。

「充実感がないなぁ。満足感や幸福感も遠い感じ。他人は幸せそうに見えるのに……」
「そうよね。幸せになりたいわ！　欲張っているわけではないのよ。ただ、もうちょっとだけ……」

生活に十分な満足感がありません。何かが足りないのです。いつも隙間風が吹いていて、不平不満がふと口に出ます。こんな思いが続くと、人は際限なく幸せ路線をたどることになります。もう「幸せになりたい病」から抜け出せません。

金のない人：金さえあれば幸せになれるのになぁ……。
心身を病んでいる人：健康でありさえすれば、幸せなんだが……。
家庭にもめ事のある人：家族が仲よく、家庭が平穏でありさえすればなぁ……。

職場が気に入らない人：やりたい仕事をやりたいよ、ほんとに……。

たしかに人生は思うままになりませんね。苦しくて、悲しくて，寂しいものです。だから誰もが、もうちょっとの幸せを求めます。

ここでしっかり認識しましょう。苦しみとは、思うままにならないことを、思うままにしようとするから生じるのです。思うままにならないことは、素直に受容すればいいのです。無いものねだりの幸福追求は幸福感を遠ざけるだけです。

この世には、プラスとマイナスが50％ずつ存在している。

不調和の均衡、不均衡の調和……。これが現実です。循環が自然の摂理なのです。

どんなに愛し合っていても、私たちは誰も結局は一人です。独りぼっちです。最愛の人とも死に別れ、いずれ自分も死んでいきます。だからこそ愛し合うのです。赦し合うのです。だからこそ明るく楽しく生きるのです。

辛かったら泣けばいいのです。嬉しかったら大いに笑いましょう。辛いことも嬉しいことも、すべて神仏からの賜物。その恵みに「ありがとう」をくり返すのが、人のとるべき姿勢です。これこそが幸せを招き寄せる魔法です。

一日に何十回も「ありがとう」を口にしましょう。そして、感謝の気持ちを「神仏に仕え、他に仕える」ことで表現しましょう。

幸せとは、「仕合わせ」のこと。
お互いに、「仕え合う」こと。
「仕え合う」感動を分かち合うこと。

敬虔な心をもって、感謝しながら仕え合えば、そこに感動が生じます。仕え合う喜びと苦しみ。この泣き笑いの葛藤の中にこそ、「幸せ」は存在するのです。

「幸せになりたい」から、
「仕合わせに生きたい」へ移行する。

神に仕え、人に仕える、「仕合わせ」な生活を実践してみましょう。すると今度は「仕合わせ」が「幸せ」に転換します。夢を追いかけているあなたは、きっと「幸せの園」にいる自分に気づきます。

その「仕合わせによる幸せの居場所」を大事にしてください。

仕合わせな
幸せ。

第三章　どうせ私はパートなの（無意欲編）

1　ちっちゃなことに「くよくよ病」

「お前、何か気にしているみたいだな。いったいどうしたんだ?」

「ほら、庶務課の花子さん。重い重いって荷物を運んでたから、『君ほどではないだろう』って口が滑ったんだ。それ以来、顔も合わせてくれないんだよ」

「当たり前だ。彼女がいちばん気にしてることだろ。俺が場をつくるから素直に謝れよ」

数日後の喫茶店。策略による繕いの場で出た第一声……。

「花子さん、この前は失礼しちゃったなぁ、ごめんよ。つい本音が出ちゃって……」

これで人間関係のひび割れは修復不可能。あぁ、ややこしい。失言は自分では小さなことだと思っていても、相手には致命的な激流なんですよね。

失言は時として、
人生を狂わせる。

生きていると、毎日いろんなことをやらなくてはなりません。慣れないことにも遭遇します。他人のちょっとした言動も気になります。自分のちっちゃな失敗にズーンと落ち込むことすらあります。「くよくよ症候群」は、すぐ顔や動作に表れますね。

落ち込んでくよくよしてしまう原因には、およそ次の五つがあります。

(1) 自分の容貌、能力、性格などに引け目を感じる時

ありますよね、これって。でも、周りをよく観察してみましょう。ほとんどの人が自分自身に引け目を感じているんです。どんなにちやほやされて羽ばたいている人も、例外ではありません。

引け目は自分にだけ大きく感じるんです。他人はさほど気にしていません。だから、ゆったりしていればいいのです。気にしない、気にしない、気にしない！

(2) 体調や家庭の事情が思わしくない時

これはちょっと厳しい。でもね、これも誰もが抱えている問題です。自分が原因をつくっている場合が多いのです。くよくよしても物事は好転しません。くよくよは悩みを増幅し、悪循環の輪を強めるだけです。

自分自身を客観的に見てみましょう。身の周りを観察し、よく考えた後にしかるべき人に相談するのがいいでしょう。できることをしっかりやればそれでいいのです。

(3) 人に意地悪されたり、仲間はずれにされた時

もし、原因が自分にあるのなら、素直に、真摯に謝ることです。それだけでいいのです。

相手の悪意が原因なら、それは相手の品性の問題。気にしないで普通に明るく振舞うことです。大袈裟《おおげさ》に考えると相手は図に乗ります。相談相手を持つことも大切ですね。

(4) 知らなかったために、してしまう過ち

(5) 知っているのに、ついうっかりやってしまう過ち

4と5は自分がやってしまうこと。よくあることです。過ちに気づいたら、3の場合と同様に素直に心を込めて謝りましょう。それもなるべく早く。

「人間は過ちを犯す動物である」と言われています。言い換えると、過ちを犯すから人間なのです。いちいち気にしていたら生きてなんていかれません。どれも人生のひとコマ。ほとんどはちっちゃなこと。気にしなくていいのです。

大切なのは「謝ること」と同時に、「反省すること」です。過ちを犯す人間は、反省して身を正すこともできるのですから。

「ごめんなさい」と「ありがとう」を、心と行動で表明すれば、相手にバトンタッチしたことになります。口先だけではいけません。

陳謝も感謝をともなって生きてくる。

心ある人はあなたの言動をちゃんと見ています。

2　奈落への道行き「マイナス思考病」

世の中には、前向きの人と後ろ向きの人と、その中間の能天気の人がいます。能天気の人は物事を気にしないいし、こだわりもありません。進歩のない自分自身のことも気になりません。だから、それはそれでいいのかも。

困るのは後ろ向きの人。困るというより、実にもったいない生き方をしているわけです。なぜなら、

否定的マイナス思考では、
芽は出ても成長しない。
何もできない。
何事も成就しない。

マイナス思考はマイナス志向となり、その向かう先は蟻地獄です。

「栄養剤を注文する？　高価だろ、あれ？　どうせ効きゃあしないよ」

「公立中学ではダメなのよ。ろくな教育をしてもらえないから」

「貯金で家族旅行？　とんでもないよ。病気になった時に必要な金だろ！」

「英会話教室に通うんだって？　やめときな！　どうせ続かないんだから」

「なに？　花壇を野菜畑にする？　買った方が安くつくんじゃないの……」

時には、一瞬マイナス方向に心が動くこともあ

ります。これは否定できません。やむを得ないことです。人間は誰もが弱い存在なのですから。私はひどい喘息持ちで、子供の頃から病弱でした。一日として薬の世話にならない日はありませんでした。

四十三歳の冬、飲み薬も注射も効かなくなって、ついに入院。数日後のクリスマスの朝、ようやく普通の呼吸になりました。私はこっそり病院の中庭に出ました。

気管はゼエゼエしていません。冷たい空気が気持よく気管支を通ります。そっと、大きく深呼吸……。感動の一瞬！　贅沢なクリスマス・プレゼントでした。

その時、エデンの園の話を思い出しました。土で創ったアダムの鼻から、神様が息を吹き込んだのです。アダムは生きた人間になりました。

そうだ！　呼吸は神様からの贈り物なのだ！
私は神様の呼吸で生かされているのだ！
生きることは神様への恩返しではないか！

貴重な学びでした。空気を吸い込むには、まず息を吐かなくてはなりません。つまり、出さ

なければ入らないのです。たとえ病弱な身体でも、

何かをやってもらうのではなく、
自分から何かをすることが先決。

とても貴重な気づきでした。

自分には何もできないというマイナス思考が、プラスに変わってきました。思考が指向を通って志向へと昇華してきたのです。

小さなマイナスの上に大きなプラスをつけると「士」（さむらい、武士）になります。その下に心をつけると「志《こころざし》」になります。すなわち、武士の抱く志のように、誠意をもって目標に向かえば、マイナスの「思考」はプラスの「志向」になるのです。

できるか、
できないか、
どっちかな？

やる気があれば、
必ずできる！

失敗はつきもの。それを乗り越えて「できる」に賭けることが大切です。
さあ、プラス志向で前向きに生きましょう。

3　小さな世界へ「引きこもり病」

「過ぎたるは及びがたし」という諺があります。

お金を持ち過ぎると堕落し、食べ過ぎると病気になり、健康を過信すれば突然死に見舞われ、時間をもて余すと悪の道に走ったりします。子供は叱り過ぎれば非行化し、褒め過ぎればダメになります。

ところが人生には、「よい出過ぎ」もあります。ゲームで例外を学んでみましょう。

　ここに九つの点、A～Iが正方形を作っています。

問題：A点から出発し、一筆書きで四本の直線を引いて、九つの点をすべて通ってください。三回曲がります。

例：Aから出発して四角に四本を引くと、真ん中のE点が残ります。

　これは失敗。

C	B	A
F	E	D
I	H	G

Aから出発してEを通って四本引くと、HかFが残ります。これも失

敗。よく考えて、やり直してください。

どのように四本の直線を引いても、一つだけ残りますね。もしそうなら、あなたは平凡な思考の持ち主。でも心配ご無用。あなたは正常な常識人です。

直線四本で九つの点をすべて通れたら、あなたは偉い。実に偉い。あなたは突出しています。天才です。ちょっと常識を外れてはいますが……。悪く言うと異常かもしれません。あなたの頭が周りの人の頭から出過ぎているからです。でも、それでいいのです。

異常な「出過ぎ」が物事を解決する。

正解の引き方:①AからIへ。②IからCを突き抜けて、C—Fと同じ間隔の点をJとする。③JからBとDを通り、通り越した点をKとする。④KからGとHを通って、I点へ。

こうすると九つの点すべてが通れます。要するに二箇所（C点とD点）から外へ飛び出すのです。解決はこの「出過ぎる」ことにあるわけです。

与えられた四角い常識の世界、

あなただけの小さな世界、
そこは「引きこもり病」の住みつくところ。
殻を破って飛び出そう。
勇気ある挑戦にこそ花が咲く。

自信がない!?
自信なんて誰にもありません。人生で何か問題にぶつかったら、よく考えて、当たって砕ければいいのです。飛び出すこと、出過ぎることが必要なのです。
熟慮の末の思い切った冒険。これが問題を解決します。もちろん失敗もあります。人生は試行錯誤。七転八起で成功したり、七転八倒でのたうち回ったり……。

「ダメでもともと」……
気楽に「ダメもと主義」を通せば、
人生は明るくなる。
生きるのが楽しくなる。

世界は広いのです。小さな世界に閉じこもっていたのでは実にもったいない。本を読みましょう。テレビのドキュメンタリーを楽しみましょう。講演を聴きに行きましょう。刺激を受けることが大事なのです。きっとやる気が出てきます。

友人の黒木安馬氏の本に、『出過ぎる杭は打ちにくい』という名著があります。出る杭は打たれるけれど、出過ぎてしまえば案外打たれません。実験してみるといいでしょう。

私も時々出過ぎます。飛び出します。その結果生まれた信念は……

人生は挑戦だ。飛び出さなくてどうする！

4　意欲のない「グータラ病」

一章の四節で「そのうち病」を紹介しました。その兄弟分が「グータラ病」です。この両者、似ているけれど違うんです。

「そのうち病患者」は希望や目標を持ちながら、「そのうち、そのうち」を連発して毎日を過ごしています。やろうと思いながらできないので、ストレスがたまります。

グータラ病患者は……、
はかない夢を描くだけ。
夢は希望に変わらない。
目標化するのもままならない。
ただ、ぼんやりと生きている。
そこには進歩が生まれない。

ぐうたらな人は家庭でも会社でも、与えられた仕事をこなすのがやっと。そういう人の顔はイキイキしていません。動作にもメリハリがありません。「これをいつまでにするんだ」という目標がなく、気迫にも欠けています。

「いつまでテレビの前に座ってるの？　チャンネルばっかり変えて……」

「昨日はコンビニのサンドイッチと野菜ジュース。今日はおにぎりとウーロン茶。どうなってんの？　我が家の奥方、我が家の台所！」

「散歩にでも行ってきたらどう？　お金もかからないし、身体にもいいんだから……」

こんなことを言われるグータラ病患者は、どこにでも見かけられます。

グータラ病の専業主婦はパンダそっくり。ゴロゴロ、モグモグ、目はうつろ。

退職父さんはソファーの主。コーヒー飲み飲み、チャンネル操作。

定職のない若者はまさに野良ちゃん。あっちにウロウロ、こっちにウロウロ。

ヒマな大学生は三流のお笑い芸人。大口開けてゲラゲラ、ヘラヘラ。高い教養の代わりに、救いようのない狂幼と嬌妖をさらけ出しています。

今の日本では、ぐうたらしていても何とか生きていかれます。ぐうたらは豊かさの落とし子のようです。環境に甘え、悪習慣に溺れた生き方が続きます。

習慣は人生を左右する。
よい習慣は人を成長させ、
悪い習慣は人を堕落させる。

たとえよい習慣であっても、それにこだわっていると人生は下降線をたどります。現状維持ではダメなのです。４キロの散歩は身体にいいのですが、そのよい日課ですら制限しなければならない時もあります。大切なのは状況に応じて見直すことです。

ぐうたらは悪い習慣。
気づいたら早く脱出すること。
現状維持では動物と同じ。
進歩するのが本物の人間。

牛は何千年経っても牛のままではないですか。ただ草を食べて生きているだけ。一方、人間社会には進歩があります。毎日が向上です。

そうは言ってもこの長い人生、緊張して張り切ってばかりもいられません。ぐうたらしたくなるときもあります。三日か一週間、ときには一ヶ月か三ヶ月。長ければ一年。思い切ってぐうたら生活してみるのもいいものです。これは貴重な充電期間になります。

ぐうたらも、
はまりきらなければ、
そこから新しい活力が生まれてくる……。

私もぐうたら好きの「グータラ病」患者。だけど、脱出の名人でもあります。

5　金がないから「何もできない病」

世間は金で動いています。残念ながら、そう認めない訳にいきません。金があれば、たいていのことはできるのです。

でも、世間が金だけで動いている訳でないことも事実です。有り余った金に埋もれて、四苦八苦している人もかなりいます。世間の動きは物と心で決まるのでしょう。

金を動かすのは人の心です。世間を動かすのも人の心です。この場合の心とは、意欲と情熱と向上心です。金がなくても心の働きによって世間は動くのです。

金がないから何もできないという人間は、金があっても何もできない。

何と辛らつな言葉でしょうか。これは無学と貧困をバネに鉄鋼王となったアメリカの実業家、アンドリュー・カーネギーの残した名言です。これにはやり抜いた男の力強い姿が映し出されています。

彼は一九〇一年に六六歳で会社経営から引退し、晩年を教育・学術・芸術・社会事業に捧げました。彼の名を冠したホールや財団などが現在も世界中で知られています。

「金さえあれば」という逃げ腰の背後に、「やればできる」という思いが秘められています。カーネギーの言葉のすごさは、「金」にさまざまな要素が暗示されていることです。

「金」の代わりに「才能」「時間」「健康」「環境」などを入れてみましょう。


才能がないから何もできないという人間は、才能があっても何もできない。

時間がないから何もできないという人間は、時

金さえあれば……

間があっても何もできない。

健康がないから何もできないという人間は、健康があっても何もできない。

環境が悪いから何もできないという人間は、環境がよくても何もできない。


くどくどと書き並べたのは、「何もできない症候群」があまりに多いからです。

才能は誰にも固有のものが与えられています。それに気づき、それを伸ばすのが人間に与えられた使命です。才能はよい指導者と自分の努力でどんどん伸びていきます。


社会人であれば誰もが忙しく、時間的な余裕などありません。

一章の八節で、「仕事は与えられた時間一杯かかるもの」という言葉を紹介しました。やる気があれば、たいていのことは短時間でできるのです。それなのに、時間があるとダラダラしてしまいます。時間は工夫とやる気の産物です。

健康でないことも大きな問題のひとつです。私も健康でないことを理由に、あまり動こうとしませんでした。あるとき、星野富弘さんがあの絵と詩で叱咤《しった》激励してくれたのです。星野さんは首しか動かせない体で、見事な仕事をやっているではないですか。

野口英世は手に障害をもち、学問をする環境もありませんでした。その障害と貧困をバネに、彼は大きく成長しました。それを可能にしたのがやる気です。彼は言っています。

自分を取り巻く人も環境も、
自分が作り出した影なのだ。

幸運も不運も、自分の心が決めるもの。才能も、時間も、健康も、環境も、生きている限り、誰にも備えられているのです。

途中にいるから中ぶらりん
底まで落ちて 地に足が着けば
ほんとうに落ち着く

これは詩人にして書家でもある相田みつをのカレンダーにある言葉。不景気の今、身も心もどん底にあります。どん底にいるからこそ光が見えるのです。

はじめから金のある人なんてあまりいません。金のない人ならば、上を目指して意欲的に生きられるではないですか。金がないからこそ、工夫と努力で人は伸びるのです。

経済的に苦しい今は滅多にないチャンス！　このチャンスを見逃すわけにはいきません。

今です。失敗を恐れず勇気をもって、できないと思っていることに挑戦してみましょう。


やる気は必ず何かを生み出してくれる。

6　心の通じない「しゃべらない病」

今、人は忙し過ぎて言葉が混乱し、心が通いにくくなっています。

あなたは家族と言葉を交わしていますか？　会社の同僚とは？　学校の先生とは？　生徒とは？　友だちとは？

話し相手はいたるところにいるはずです。

お腹の赤ちゃん、入院中のおばあちゃん、息子や娘のお友だち、公園で遊ぶ子供たち、道を尋ねたどこかのおばさん、うちの愛犬、庭の植木や草花。

誰もがあなたの言葉を待っています。

物言えば　くちびる寒し　秋の風

芭蕉のこの句は、「人の短をいうことなかれ、己が長をとくことなかれ」という言葉に続く名句です。自慢したり人をなじったりすると、あとで虚しい気持になります。転じて、余計なことを言うと痛い目に遭うよというわけです。

会社にも学校にも、はたまた地域社会にも、こんな秋風がいつも吹いています。うっかりのひと言で揚げ足を取られます。だから、くだらないおしゃべりばかりで言葉から心が失われました。言葉は琴線に触れにくくなってしまったのです。

家庭は社会の基盤、
家族団欒《だんらん》の、
「幸せの居場所」、
帰りたくなるところ。

最近の家庭では、楽しい「家族の団欒」が少な

くなりました。テレビに主役を奪われ、夫婦や親子の語り合いが貧しくなってしまったのです。その結果、非常識な折檻《せっかん》や暴力、親子間の殺し合いなどが生じることになりました。

水にきれいな言葉をかけると水の結晶が美しくなるそうです。逆に、怒った言葉を投げつけると結晶は崩れます。この不思議な現象は、科学的に実証されています。心に怒りを抱いたまま水を飲んでも、水は本来の機能を発揮してくれないのです（江本勝著：水の氷結結晶写真集『水からの伝言』による）

ある女性がアメリカ航空宇宙局（NASA）で、惑星無人探査機ボイジャーの作成と、打ち上げ後の交信に携わっていました。ボイジャーは木星、土星、天王星、海王星の近くを通過して、貴重な写真撮影や観測を行い、資料を地球に届けました。

使命を果したボイジャーは、宇宙のかなたへ飛び続けて行くというのが運命です。ボイジャーを我が子のように慈しんできたかの女性は、交信が途絶える直前、涙声で別れを告げました。

「ねぇ坊や、これが最後よ。ママに語りかけて……！」

既に電池が切れてしまったはずの今、ママの声も届いたかどうかわかりません。諦めていたところに、ボイジャーから最後の写真が送られて来ました。そこには豆粒のように小さな地球が写っていました。消え入る声で、ボイジャーはママに「さよなら」を告げたのでした。

最後の最後まで語りかける愛が、人にも物にも再起の力を与えてくれるのですね。


一方に、無言の交流もあります。以前、大阪の阪急デパートにカトリック用品の売り場がありました。私は嫌なことがあった日など、よくそのお店に立ち寄ったものでした。品物を買うためではありません。売り場のシスターに会いたかったのです。

ほんのちょっと言葉を交わすだけでした。シスターの美しい目、爽やかな笑顔、気品のある物腰、柔らかな言葉などに接したかったのです。その応対には心を洗い清める何かがありました。シスターの信仰が無言の言葉を発していたのでしょう。

言葉による意思の疎通、言葉によらない心の表現、どちらも大切ですね。

人生で大切なのは、毎日の人間関係です。日常生活ではせめて、「ありがとう」のひと言にだけでも心を通わせたいものです。

感謝の言葉は、
心と心をつなぐ帯。

7　プロ意識のない「どうせ派遣だよ病」

成功する人としない人は、どこで差がつくのでしょうか。人間の能力には、一部の人を除いて、さほどの差があるとは思えません。だとすれば、その人の生きる姿勢に関係があるのでしょう。生きているその時々の「プロ意識」に関わっているようです。

今いるその場で
プロの人間として生きる。
これがその人の
将来を決定する。

すなわち、あらゆる瞬間に人はプロとして生きることが求められているのです。

あるガソリンスタンドで経験したことです。

近くの図書館への道を尋ねると、大学生らしい若者は、「すみません。アルバイトなので、この辺の地理を知らないんです」と言って頭を下げました。図書館はすぐ近くにあったのです。まったく情けない話です。

「ここで仕事をするからには、近くの学校、施設、ホテル、お店などを頭に入れておかんかい！」と叱りつけたい思いでした。そんな気構えのない若者は成功しません。これは「どうせ派遣だよ病」の典型です。

あるレストランでのこと。

お茶のお代わりをしようと顔を上げ、手で合図しましたが、三人もいる給仕の誰一人として気づいてくれませんでした。忙しく動き回っているわけではないのです。ただ、気配りがないのです。やる気がないのです。

給仕として働くからには、客へのサービスに全力を注ぐべきでしょう。それがプロ意識というものです。それがなければ給仕失格です。こういう店って意外に多いのですね。

人は誰でも、今いる場における「プロ」だと言えるでしょう。

学校の授業では、プロの教師とプロの学生が向き合います。流れ作業では目の前の仕事のプロ。コンビニの店員も、タクシーの運転手も、みんなその職場でのプロなのです。

「派遣社員なので……」
「一時的なアルバイトなので……」
言い訳は無用。
どこにいても、
君はその場のプロなのだ。

通行人は通行人としてのプロ。客は客としてのプロでなくてはなりません。

業績不振だったある旅館。社長が成功者の講演を聞いて心機一転。トップダウンの方針を改め、従業員の意見を尊重。そして各部署に、自由な裁量で責任をもって行動するよう指示しました。各部署は思い通りに事を運べるようになったのです。

責任者をはじめ、各従業員にやる気が出ました。たちまち旅館には活気があふれ、客の評判が良くなりました。業績は一気に上昇気流に乗ったのでした。

ある時、数人の仲間が我が家に来て、一泊の研修をしました。夕食を作ってくれたのは友人の調理師でした。料理しながら彼がひと言、ぼそりと言いました。

素人は散らかしながら料理する。
プロは片付けながら料理する。

すごい言葉ですね。たしかに彼の仕事の手際のいいこと。びっくりしました。書斎で机の周りを散らかしている私にとって、それは貴重な学びでした。

皿を洗っている時、あなたは皿洗いのプロなのです。

何事でも、今していることに真心を込める。嫌なことを率先してやる。ニコニコと気持ちよくやり遂げる。たとえ素人ではあってもプロとしての気構えで動く。

このような生き方が、あなたの未来を決定します。

派遣社員でも、
ここは立派な職場。
いい仕事をすれば、
それでいい。
天は君を見ている。
じっと見ている。

スッキリ

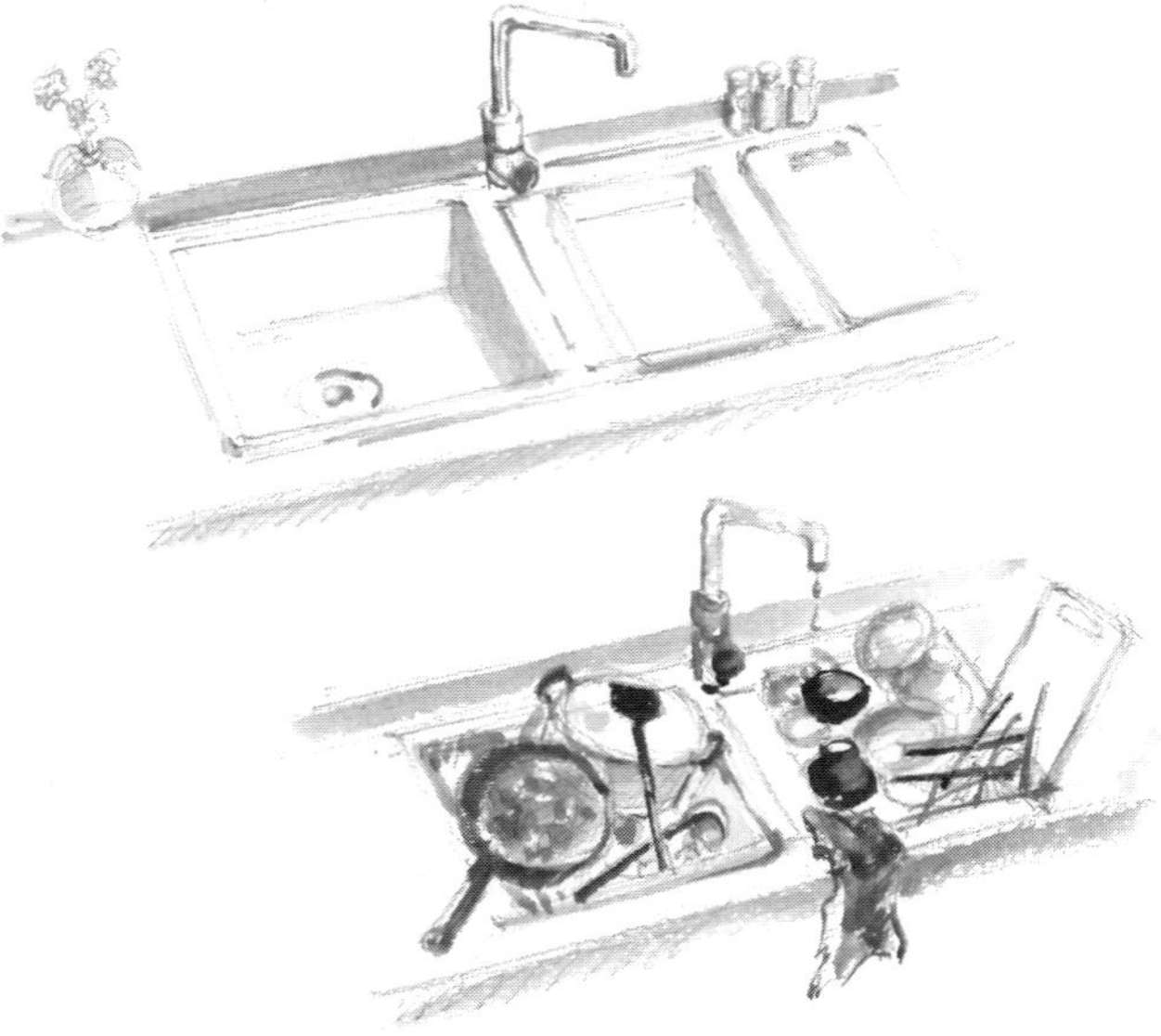

グチャグチャ

8　まぼろしの影「夢をむさぼる病」

年末・年始は忙しいですね。忙しくはあっても、夢と希望で楽しみが膨らみます。それが新年です。はっきりした根拠はないけれど、新春にはやっぱり心が踊ります。

一年の計は元旦にあり。

元旦に一年の計画をしっかり立てなさいということの諺には、厳しさがあります。これを守ろうとすると正月をゆっくり楽しめません。

一方に、「一年の計は正月（春）にあり」という諺があります。これなら夢や希望はゆったり描けます。誰もが年の初めに夢と希望を描きます。それに向かって力強く進んでいくのは楽しいものです。それこそ新年にふさわしい心意気です。

しかし、夢には「落とし穴」という危険が潜んでいるものです。いつまでも「夢に夢見る」

二重構造に酔っていると、すべては「夢のまた夢」に終わってしまいます。

夢のうちに楽しみ尽きて、
眼前に悲しみ来る。

ぼんやりとしたはかない夢ばかり追っていると、ついには悲しみの罠にはまります。「夢多ければ空になること多し」と言われるわけです。「人生は夢まぼろしのごときもの」ではあっても、人生は一回限り……。夢を現実のものにしたいですよね。

夢を見ることができるなら、
その夢は実現可能だ。

これは、子供だけでなく大人にも夢を運んできたウォルト・ディズニーの名言です。彼は子供時代に描き続けたおとぎの世界を現実の世界に開花させました。

夢は人生に活力を与えてくれます。その夢をぜひ実現しましょう。そのためには次の順序が必要です。これがしっかり構築できると、夢はくっきりした姿で近付いてきます。

夢―希望―目標―計画―努力＝目的の達成

まずは最終段階の目的の設定。これがなければ何も始まりません。漠然とした目的でもかまいません。途中変更があってもいいでしょう。方向性を定めることが大事なのです。

目的：事業家として成功し、豊かな生活を楽しみ、慈善事業に貢献する。
夢：チェーンストアのオーナーになろう。立派な邸宅に住み、世界旅行や仲間との交友を楽しみたい。ゆとりある趣味の時間も欲しい。これはかない空想、ロマンの世界。
希望：夢を現実化し、現実を夢に近付ける。そのために実現可能な具体像を描く。ロマンから理性の世界への転進。自分の能力、意欲、環境、事業の将来性などを分析する。
目標：具体的な数値の設定。何をどれだけ備え、誰を登用し、いつまでに、どれだけのことを達成するか。短期、中期、長期の目標設定が極めて大切。
計画：目標達成のための具体的方針。一歩一歩の着実性とともに、一気呵成《かせい》の飛躍が求められる。

努力：成功には並々ならぬ努力が必要なことは言うまでもない。

夢は素晴らしいもの。しかし「夢をむさぼる症候群」にかかると、夢はまぼろしの影になり、どこまで行ってもつかめません。

私が白雪姫で、
どこからか王子様が現れる……。
これは夢の世界。
会社の彼を王子様に仕立て、
私自身が白雪姫のように素敵な女性になる……。
これが夢から希望への移行というもの。

夢を描いて、夢から覚める。
ロマンと理性の両立だ。

9　いいことないかな「待ちぼうけ病」

人間は本来、怠け者でさもしく、おめでたい生き物のようです。
生きるための仕事は辛いだけで、安い給料……。ウサギ小屋に住んで、食べるのがやっと……。たまには旅行もしたいのにままなりません。だからいつも「いいことないかな」と、タナボタを夢見ることになります。

棚から牡丹もち落ちてきた。
高額くじが大当たり。
喜び溺れて……、
あぁ、このテイタラク！

思いがけない幸運を授かる人もいます。高額の宝くじに当たるのがその筆頭。しかし、こんな幸運は滅多に起こりません。たとえ幸運に恵まれたとしても、あぶく銭は身につかないもの。うっかりすると落とし穴に落ちこみます。

中国の物語を主題に、北原白秋が巧みにうたった詩があります。山田耕筰の作曲でよく知られた『待ちぼうけ』の歌がそれです。

1　待ちぼうけ　待ちぼうけ　ある日せっせと　野良かせぎ
そこへうさぎが　飛んで出て　ころり　ころげた　木のねっこ

2　待ちぼうけ　待ちぼうけ　しめた　これから寝て待とか
待てば獲ものは　駆《か》けて来る　兎ぶつかれ　木のねっこ

3　待ちぼうけ　待ちぼうけ　昨日くわ取り　畑仕事
今日はほおづえ　日向《ひなた》ぼこ　うまいきり株　木のねっこ

4　待ちぼうけ　待ちぼうけ　今日は今日はで　待ちぼうけ
明日《あす》は明日はで　森のそと　兎待ち待ち　木のねっこ

5　待ちぼうけ　待ちぼうけ　もとは涼しい　きび畑
いまは荒野《あれの》の　ほうき草　寒い北風　木のねっこ

数回唄えば覚えられるほど、筋が通ってわかりやすいですね。ところが、これには奥深い教えがあります。「待ちぼうけ」を食らっているあなたも私も、自分を見つめ直す必要がありそうです。次のような「待ちぼうけ」に思い当たりませんか。

宝くじの高額当選、いい恋人の出現、部長の椅子、文化勲章、来年度の学費免除、誕生祝いの贈り物、バレンタインデーのチョコレート、あの人からの手紙、お中元、お歳暮、おじいちゃんからのお年玉、などなど。「待ちぼうけ症候群」は賑やかです。

無いものねだりの空中楼閣、
まぼろしの影を追う人生、
幻影ははかなく消えゆくもの。

待ち望むのも楽しみのひとつです。それ自体は不健全なことではありません。人生で待つことは大切だからです。ただし、ぼんやりと待つだけではいけません。待つことに溺れるのが問題なのです。

アメリカの詩人ロングフェローは、『人生のうた』の最後を、

いかなる運命にもめげず、労することと待つことを学ぼう。

と、締めくくりました。気持ちよく働いた後にこそ、神と自然に身を任せられるのです。人生という我が畑。どんな野菜を育てようか……。自分の畑の野菜は愛しいものです。たとえうまくできなくても、自分の手で大きくしたいですね。

『待ちぼうけ』を繰り返し唄って、身を正そうではありませんか。

10　やってみたいけど「一歩が出ない病」

やってみたいことがいっぱいありますね。

「よーし、俺だってやってみせるぞ！　手に入れてみせるぞ！」

誰だって元気いっぱい、威勢よく人生に立ち向かいます。明るい世界が広がっているではありませんか。張り詰めた意気込みと緊張感。心は甘い夢に包まれます。

ところが、意気込みや緊張感は長くは続きません。壁にぶつかり、谷に落ち込み、いつしか夢は砕かれ、意気込みは儚く消え去ります。

無理もありません。限られた時間、恵まれない環境、伸び悩む能力、そして乏しい小遣い。動きたくても動けないのです。走りたくても走れないのです。新しい一歩を踏み出す気力は萎え、勇気も出てきません。こうして人は、
やってみたいけど「一歩が出ない症候群」の網にかかります。

「思い切って、ちょっと贅沢な旅行をしてみたい。あの人、一緒に行ってくれるかな？　でも、お金が乏しい。計画も面倒臭い。家族のことも心配だし……」

だったら、
イライラしながら、
家でショボンとしていなさい。

「パソコンをもっと上手に使いこなせるようになりたいな。周りの皆は、ほどほどに使いこなしているみたい。でも、教わるのは気が引ける。気位も許さない。そうかといって習いに行くのもちょっと……」

だったら、
いつまでも、
劣等感をお大事に……。

「省エネ時代だ。思い切ってオール電化にしようか。台所も風呂もスッキリするぞ！　それが無理なら、せめて大型液晶テレビを備えるとするか。我が家では、まだタブレットの世界もほど遠い！　いや、ちょっと待てよ。いっそのことエコカーに買い換えようか。でもなぁ、懐具合を考えれば大きな夢は高嶺の花か……。いいさ、いいさ。無くったって死にゃあしないよ！」

「気がつけば僕も三十四歳。結婚しなくちゃ一人前に認めてもらえないかも……。でも、資金は乏しいし、それより何より、結婚なんて面倒臭い。相手を気にしながら生活するなんて、自由の束縛じゃないのかなぁ？」

そう、その通り。消極的思考は人を前に押し出してはくれません。

結婚とは、
しても後悔、
しなくても後悔。
どうぞ、お好きなように……

習いたい、やってみたい、という心に、「でも、でも」と「そのうち、そのうち」が忍び込みます。心が揺れて、なかなか最初の一歩が出ません。

水鳥が水面から飛び上がる姿を見たことはありませんか。見えないけれど、足で真剣に水を蹴り、力いっぱい羽で水をたたきます。やっと足が水面に出ると、まるで短距離選手のように水の上を走り、大きく羽ばたいて飛びあがります。感動的瞬間です。

そうです。何事も、最初の一歩がむずかしいのです。見えない水中の足の動きこそ、飛びあがる原点です。思い切って一歩を踏み出せば、案外前に進めるものなのです。こうありたいという思いを言葉にし、行動に移す。これが創造的革新につながります。

これって……
飾りもの？

一歩を踏み出せば、
状況は変わる。
不可能が可能になる。

今はやりのフェイスブックの最高責任者は女性です。アメリカであっても、女性の社会進出は大変でした。それを乗り越えてきた彼女、つい最近、「一歩を踏み出そう」という本を出しました。すぐに日本語も出版されるでしょう。ぜひ読んでみたいですね。

いいですか、人生は短いんです！　気がついたら、「えっ、あのときからもう十年？」なんてことになってしまいます。

三章三節のゲームを思い出してみてください。進取の精神と勇気をもって、大きな世界に飛び出してみましょう。失敗なんてちっぽけなこと。成功の花は失敗の先に咲いているんです。未来は明るくひろがっています。いいことだって待っています。

人生は冒険です。挑戦です。

今です！　今しかありません。

今、一歩を踏み出さなくってどうする！

第四章　自分の姿は見えないものよ（自失編）

1　思い違いの「つもり病」

人間って、愚かなものですね。その上、自分勝手で早とちり。毎日まいにち、過ちをくり返すばかり。「私はそんな人間ではないぞ！」と思っている人も、思い違いの「つもり病」の立派な患者では？

つもり病の特徴は、
自分では気づきにくいこと。
間違っていても気にならない。

幸せですよね。気になったら、とても生きてなんていられませんから……。

「つもり病」は、過去、未来、現在の三つに分類できます。

過去にかかわること：

「洗濯物、取り込んだつもりだったのに……」

「あら？　お財布に一万円入れといたつもりだったのに……」

「お見舞いに行くつもりだったのに……。間に合わなくなっちゃった！」

できなかったこと、やらなかったことを、「つもり」で誤魔化すのです。この種の「つもり病」には別名があります。私たちの大好きな「のにのに病」……。

未来にかかわること：

「はい、部長。報告書は明日の午前中に提出するつもりです！」

「夏休みには家族旅行するつもりだよ。それまでは我慢がまん……」

「秋には結婚するつもりなんだけどさぁ。彼、ハッキリしないのよ……」

「つぎの試験では90点以上とるつもりだよ。がんばるぞ！」


実際にはそうなりそうもないことを、そうなりそうな気分で表現するわけです。まぁ、未来には夢と希望があるから、これもいいでしょう。責められません。

現在にかかわること十四カ条

（1）高いつもりで低いのは……教養
（2）低いつもりで高いのが……気位
（3）深いつもりで浅いのは……知識
（4）浅いつもりで深いのが……慾
（5）厚いつもりで薄いのは……人情
（6）薄いつもりで厚いのが……面の皮
（7）強いつもりで弱いのは……根性
（8）弱いつもりで強いのが……我
（9）多いつもりで少ないのは……分別
（10）少ないつもりで多いのが……無駄
（11）厳しいつもりで甘いのは……自分を見る目
（12）甘いつもりで厳しいのが……他人を見る目
（13）隠しているつもりで出ているのは……癖と欠点

(14) 出しているつもりで出してないのが……親切と献金（お賽銭）

前半の1から10は、京都・化野《あだしの》の念仏寺のチラシから借用。怖いですねぇ。仏様はちゃんと見ていらっしゃる！

「つもり」の怖さは、しっぺ返しをされてしまうことです。

「まだ着られるつもりだったのに……」（着られないでパーティに間に合わない）
「食べられるつもりだったのよ」（うっかり食べて食中毒！）
「試験勉強、しっかりやったつもりだったけど……」（落第点に青くなる）
「あと五年、働けるつもりだったが……」（突然の解雇にがっくり……）
「健康なつもりだったのよ」（検診を受けたらガンの宣告！）

「つもり」とは、思い違いをすることです。自分で自分を誤魔化すことです。だから、「つもり病」を募らせると、ほんと怖いことになりますよね。

正直に、素直に、しっかりと、自分を見直しましょう。

2　ないのにあると思っている「おめでたい病」

三章の五節で、金がないから「何もできない病」を取り上げました。金も能力もあるのにないと思い込み、目に輝きもなく、悲観して無気力に生きている人。この病人は意外に多いようです。ここではその逆に目を向けてみましょう。ないのにあると思っている、おめでたい生き方の検証です。

いつまでも　あると思うな　親と金

誰もが知っているこの諺。よく知られているということは、それだけの実感があるからです。ただし、実感することとその教えに基づいて生きることとは、まったく別の話。

子をもって知る　親の恩

ふと親の恩を感じて、何かしたいと思います。その時には、もう親はいないかもしれません。子育ては人生最大の難事業。やり甲斐のある大仕事です。あの時の父母の思いを、今になって知るわけです。それなのに、両親が生きている時にはろくに恩返しをしません。いずれそのうちと思っていると……。後の祭りはいつだって物悲しいものです。

お金にも同じことが言えます。入ってきてもすぐに消えます。幸いにまとまったお金が転り込んで来ても、気がつくと底をついていきます。用心しないといけませんね。さもないと、お金は順調に飛び去っていきます。

アメリカ英語で大学二年生のことを「sophomore」と言います。これはギリシャ語の「sophos（賢い）」と「moros（愚か）」の合成語です。大学で学んでいるのだから「賢い」と思い込んでいる「愚か者」を意味しています。

大学を出たのだから、教養も知識もあると思っている人。とんでもない！

大事なのは本物の教養です。

教養とは、
大局的に物事を判断し、

倫理的に行動する、心の姿勢と実践力のこと。

身の周りのことだけを考え、自分勝手に振舞うのは教養に程遠い姿勢です。国民がこんなに苦しんでいるのに、無駄な道路や豪壮な建物を作り、必要な病院や学校をオンボロのままにして平然としている、一部の官僚や政治家。彼らに本当の知識や教養があるとは思えないのですが、あると思っているから困ります。

若さや時間についても、「おめでたい病」の人は多いようです。自分は若いのだと思うことは大いに結構。この思いがないと、老人は意欲的にも積極的にも生きられません。大切なのは、若いと思う意欲の中に、老人としての自覚を持つことです。これがないと、つい無理をして大変なことになります。

一方、若者は若さに溺れがちです。溺れているのに元気なので正常だと思っているのです。気づいた時には早くも若さはどこへやら……。怖いですね。

少年老いやすく 学成りがたし。
一寸の光陰 軽んずべからず。

若いうち、日の暮れぬうちに、成すべきことを成し遂げたいものです。「歳月、人を待たず」とも言います。「時は金なり」という言葉がありますが、「時は命なり」と言う方が心に響きます。根性も、分別も、他者への思いやりも、あるようでありません。私など、その種の典型的な人間。ただひとつ、小さな救いは折に触れて反省し、出直すことです。

夫も妻も、子供も友人も、いつまでもいると思って油断してはいけませんね。ないのにあると思っている「おめでたい病」は、こっそり人の心に住みついてしまうんです。「あっ、ないぞ！」と慌てることのないよう、心して生きようではありませんか。

明日はあるけど、
あすはない。
このジレンマこそ、
人生なのだ。

3　なすり合いの「無責任病」

この世で最も醜いのは、言い訳を並べて責任を取らないことですね。どうやら最近の日本の社会には、「無責任病」が蔓延《まんえん》しているようです。

数年前、「事故米」の問題がありました。まともに食べられない米が流通したのです。震源地は農林水産省でした。震度を大きくしたのは流通業者です。両者の無責任の結果、日本中が震え上がりました。毎日食べる食品であるだけに問題は深刻でした。

責任者とは、責任を取る人。
関係者の犯した失敗を
自分の落ち度と認め、
その責めを負う覚悟のある人。

すなわち、問題に対処する義務を率先して引き受けるのが責任者です。

それなのに、農水省のエライお役人は、「我々に責任があるとは考えていません」とか、「人体に影響が出ていないのだから、ジタバタする必要はない」と、まるで人事のような発言をくり返しました。

粗悪米を輸入した失態、業者の監督ができなかった怠慢。その危険性には気づいていなかったのです。このように、過ちを認めないで言い訳をするのが「無責任病」です。

政治で：粗悪米の問題？「そんな米を食用に横流しした業者が悪いのだ」「使途不明金？　政治献金は秘書に任せてあるので、私にはわからない」
会社で：部長への提出書類が遅れたのは、「取引先の担当者が留守だったので……」
粗悪品を販売して、「仲介した商社を信用してたんですけどねぇ……」
学校で：欠席の常習犯が先生にいわく、「おばあちゃんの葬式だったんです」
暴力指導を指摘されて、「いや、殴ったのは愛情ある指導の一環です」
家庭で：午前様の理由を問われて、「昨日は得意先の接待だったろ。今日はね……」
連日の手抜き料理を咎められて、「しょうがないでしょ、主婦って忙しいのよ。掃除に洗濯に買い物。隣近所のお付き合い。それに、うちのガスレンジじゃダメなのよね」

本来、言い訳が必ずしも悪いことだとは限りません。それは失敗や過失などの事情や理由を、筋道立てて説明すること、または詫びることでもあるからです。それが自己保身のための言い逃れになると、悪い言い訳、あるいは弁解になります。

過失を犯すのは人の世の常。
素直に謝ればよい。
取り繕うために、
屁理屈《へりくつ》を並べると弁解になる。

弁解すればするほど過ちが際立って、立場を失うことになります。嘘の言い訳をすると、その嘘を本当らしくするために、次から次へと嘘をつかなくてはなりません。

人間、素直でありたいものです。失敗したら、その時はきまり悪くても即座に謝ることです。必要ならば、謝ってから筋道立てて理由を説明すればいいのです。

人のことだけでなく、自分や周りの人たちに目を向けてみましょう。同じような無責任がまかり通っているのに気づきます。

会社や家庭で、決められた仕事の分担をしっかりやらない。

医院の予約や人との約束を平気ですっぽかす。

家族をほったらかしで呑み屋に通う。

幼い子供を車に残したまま、夫婦でパチンコに興じる。

酷過《ひどす》ぎるではないですか……。

「顔に責任を持つ」という諺があります。自分の品格、名誉、立場、年齢などに見合った行動を取れというわけです。顔はその人のすべての象徴で

す。

四十歳になったら
自分の顔に責任を持て。

これはリンカーン大統領の名言です。

狡猾《こうかつ》な顔、横柄な顔、威丈高な顔、とぼけた顔、ひねくれた顔、人をバカにした顔、おごり高ぶった顔、化粧で大化けした顔などは御免です。

いつも、明るくきれいな顔でありたいですね。

責任を果たせば、目も顔も輝きます。

4　腹立つばかり「目くじら病」

できの悪い人間にとって、この世は住みにくいものです。

できの悪いといっても、それは能力のことではありません。能力なら努力次第で伸びていきます。努力しないで遅れをとれば、住みにくくなるのは当然でしょう。努力するかしないかは個々人の問題です。

ここでいうできの悪い人間とは、すぐに腹を立てる人のことです。住みにくさとは、腹の立つことばかりがニュースを賑わせていることです。

腹が立つのは、
人間ができてないから……。
思慮深い人は、
いたずらに腹を立てない。

私はできの悪い人間の仲間。嫌なニュースにいちいち腹を立てています。消えた年金、消された年金。社会保険庁のずさんな仕事ぶり。責任を取らないお役人。年金の少なくなった人はあまりにも気の毒。保険庁は慌てて見直しを始めました。それにかかる人件費、通知する郵送料。膨大なお金はすべて税金。ここでまた腹が立つ！

郊外を制限速度プラス5キロのスピードで走っていたら、後ろからぶつかるほど迫ってきて、嫌がらせ……。嫌な奴だと思っていたら、ある場所で無理やりに追い抜いて行きました。やれやれと思った瞬間、例の車は検問に引っかかりストップ！

「ざまぁ見ろ！　当然の報いだよ。時間も金も、気分すらもこれで台無しだろう。事故を起こさなかっただけ幸いと思え」なんて思ったりして……。ところが、そんな風に思ってしまう自分にも腹が立つ。お前も意地の悪い奴だ！

アメリカ発の不況が全世界に波及しました。想像を絶する株の暴落で倒産する会社が続出。惨めなのは解雇された社員や個人の投資家たち。株主は底なしの株価に顔色を変え、苛立っています。無理もありません。貴重な財産が半減したのですから。

目くじら立てても、
状況が好転するわけない。
どうあがいても、
台風の進路は変わらない。

台風や地震などの自然災害には、備えをして耐えるしかありません。これに比べ、人災の場合には腹が立って苛立《いらだ》ちます。これが続くと心はすさみ、体調が崩れ、ますます惨めになるばかり……。

嫌なことがあると、怒りや不愉快な思いはすぐ顔に現れます。そして、人に当り散らします。これが人情というもの。それを抑えることのできる人は立派な人です。

兄弟に腹を立てる人は誰でも裁きを受ける。
マタイによる福音書五章

愛は苛立たず、恨みを抱かない。
コリントの信徒への手紙1　一三章

顔回という者あり。怒りを人に移さず……。
論語（孔子）

怒りはこだまとなって自分に跳ね返ってきます。これが裁きです。本物の愛は徹底して相手の身になって考え、行動します。相手を責める前に自省して物事に対処します。このような対応が相手を再起させるのです。

孔子は弟子の顔回が怒りを人に移さないことを高く評価しました。見識のある評価です。なぜなら、私たちには怒りや不機嫌をすぐ人に移す傾向があるからです。

腹の立つことは多いけれど、世の中に「完璧」なものなんてありません。自分を観察すればわかりますよね。目くじらを立てるなんてあさましいではないですか。

追い抜く車には先に行ってもらえばいいのです。非難や批判を慎めば気が楽になり、体調だって快復します。みんな「私」と変わらない普通の人間です。ちょっと心の向きを変えて、そっと寄り添ってみたらどうでしょう。

体のともし火は目である。
目が澄んでいれば、
あなたの全身が明るい。

マタイによる福音書六章

目くじらを立てる？　とんでもない！　「目は心の窓」とも言うではないですか。清らかに澄んだ目、明るい穏やかな顔が幸せを呼ぶのです。

いちばん大切な目と顔と心を、いつも平穏に保ちたいですね。

5　身近すぎて「気づかない病」

こんな寓話があります。

ある日、キリンが水を求めて草原を歩いていました。日照りが続いて、青いはずの草はみな枯れています。いきなりキリンの前に大きな扉が立ちはだかりました。扉の上から見渡すと、青々とした草原に色とりどりの花が咲いています。小川も流れています。

あそこへ行きたいな。でも扉は開きません。そこへキツネがやって来ました。

「そんなのお安いご用だ。僕の知恵で開けてあげるよ」

ところが扉は開きません。次にライオンが現れました。

「俺に任せろ。百獣の王だぜ、俺様は……」

力まかせにライオンが押したけど、やっぱりダメです。

「しぶとい扉だ。こうなったらゾウに頼むしかあるまい」

だけど、ゾウの体当たりも無駄でした。そこにアヒルがやって来ました。

「あーら、そんなの簡単よ。こうすればいいんじゃない？」

アヒルは扉の横をぐるっと回って、緑の野原に入りました。

灯台もと暗し

よく知られた諺です。身近なものは見えにくいという教えです。

動物たちは目の前しか見ていなかったのです。開かない扉にとらわれ過ぎていたのです。

私たちには、自分で気づいていない癖があるものです。怖いですね。

ここではひとつだけ、「繊細な心の欠如」を取り上げてみます。これは見て見ぬふりをするのとは違います。見て見ぬふりをする人は気づいているのです。一方、繊細さに欠けた鈍感な心には、気づきそのものがありません。何かにとらわれ過ぎているからです。

詩人、金子みすゞは、繊細な心で「気づき」の詩をいくつも残しています。

その中から二つ紹介しましょう。(行の取り方、用字を変えています)

大漁

朝焼小焼だ　大漁だ
大羽いわしの　大漁だ。
浜は祭りの　ようだけど
海のなかでは　何万の
いわしのとむらい　するだろう。

犬

うちのダリアの咲いた日に　酒屋のクロは死にました。
おもてであそぶわたしらを、　いつでもおこるおばさんが、
おろおろ泣いて居りました。
その日、学校でそのことを　おもしろそうに、話してて、
ふっとさみしくなりました。

金子みすゞの詩には反転の妙味があります。どちらの詩も、前半の情景を最後に反転させています。日常の風景の中に見落とされる「悲しさ」に心を馳せているのです。読者はハッとして、弱者に目が向けられます。気づかされるのです。

繊細な心ですね。優れた感受性と言えるでしょう。

目の前に立ちはだかる扉にこだわる心。いわしの心の痛みなど気にならない大漁の喜び。嫌いなおばさんの泣く姿に「いい気味よ」と思う感情。これが一般の姿です。

試験に落ちた、風邪を引いた、あの子が泣いている、といった現象の背後に、一体何があるのでしょう。現象の背後を見ないと物事の本質はわかりません。

見えない背後に核心があるわけです。それに心を配らないと問題は解決しません。風邪薬を飲むだけでなく、なぜ風邪を引いたかを検証するのが大切なのです。

背後に目をやる心を養いましょう。

「気づき」は、社会を明るくする第一歩です。

6　見て見ぬふりの「関係ネーヨ病」

小学校上級の頃から十九歳になるまで、部屋に幽閉されていた女性が見つかりました。学校も、福祉事務所も、隣近所も、それに気づいていたのです。おざなりの訪問や問い合わせだけでは深刻な状態を把握することはできません。思いやる心が足りなかったのです。関係者は言い訳を並べます。その姿が情けなく、言葉があまりに空々しい……。

「電話で問い合わせたら、問題ありませんと言われた」
「訪問したけど、大丈夫ですという返事。門前払いで娘さんに会わせてもらえなかった」
「なんとなく様子がおかしいけれど、母親がいるんだから……」

その娘さんは助け出されて、施設で遅れた教育を受けているようです。「人の痛みを感じない、見て見ぬふりをする」無関心が生み出した悲惨な日本の姿です。積極的に関われない行政のあり方にも問題があります。

義を見てせざるは勇無きなり

と言うではありませんか。次のようなことを見聞きしたらひと言いいたくなるし、何か行動を起こしたくなりますよね。それが人情です。

（1）食べるものも住む家もないアフリカの難民。
（2）イラクやアフガニスタンで家を破壊され、肉親を失った人々の悲しみと怒り。
（3）ろくな職もなく、ぎりぎりの生活すらおぼつかない人たち。
（4）電車や路上やレストランで行儀が悪く、傍若無人にふるまう若者。
（5）学校でのいじめ、会社でのセクハラやパワハラに苦しむ人。
（6）東日本大震災の災禍から、いまだ立ち直れないでいる家族。

こんな状況をテレビやラジオで見聞きしても忙しい私たちは、「あら、大変ね」「酷過《ひどす》ぎるなぁ」

で、ハイ、次の番組！　すぐに忘れて、「見て見ぬふり」を通してしまうのです。

喜ぶ人と共に喜び、
泣く人と共に泣きなさい。

ローマの信徒への手紙十二章

これは寄り添って生きる姿勢です。人の痛みを共感する生き方です。共感こそが傷を癒すのです。このような生き方を可能にするのが、生かされていることへの感謝です。

聖書に、善良なサマリヤ人についてのイエスのたとえ話があります。

ユダヤの国で、ある人がエルサレムからエリコの村へ行く途中、追い剥ぎに襲われ、半死の状態で道端に置き去りにされました。神殿に務める祭司やレビ人がそこを通りかかりましたが、二人とも見て見ぬふりをして通り過ぎてしまいました。

三人目に通りかかったのは、ユダヤと仲の悪い隣国のサマリヤ人でした。彼は裸にされて倒れているユダヤ人を哀れに思い、傷の手当をし、ロバに乗せてエリコの村に連れて行きました。そして宿屋の主人にお金を払い、怪我人の世話を頼んだのでした。

この三人の中で、
追い剥ぎに襲われた人の隣人になったのは
誰と思うか。

ルカによる福音書十章

これはたとえ話に続くイエスの問いかけです。誰にでも答えられる単純な問いですね。この単純さの中にイエスの鋭い示唆があるのです。

人を助ける立場にある人たちが、同じ国の傷ついた人を助けませんでした。面倒なことに関わりたくないという思いが、人の痛みを感じ取れなくしてしまったのです。隣人となって助けの手を差しのべたのは異国の人でした。

ここには現代社会の深刻な問題が描かれています。隣人になることの難しさが問われているのです。「見て見ぬふりをしている」自分に気づきます。人の痛みを自分の痛みとして感じ取ることができないのです。人間性の歪みです。感受性の欠乏です。

もうちょっと、人を思う心があれば……
もうちょっと、人に勇気があれば……

「私は私、彼らは彼ら」と思う無関心が怖いですね。悲しいですね。

人間性の貴さは相手の立場に立つことにあります。共に正しい軌道に踏み入るよう、手に手をとって歩むことです。相手に拒絶されることもあります。それを工夫と誠意と祈りで乗り越えることです。本物の関係はここに生まれます。

関係とは相手と一体化すること。

人の痛みに気づく、繊細な心を養いたいものですね。

7　規則なんて！「みんなで渡れば怖くない病」

規則とは、ひょっとすると破られるためにあるのかも知れませんね。

「規則を守れだって？　そりゃあ規則は大事だよ。だけど、規則にがんじがらめじゃ生きてなんかいかれないよ。ほどほどに守って、うまくすり抜けていけばいいのさ」

なるほど、そうかもしれません。規則の大本は憲法と法律、県や市町村の条例、会社や学校の規範や規則などです。さらに家庭内の約束事もあります。

どれもあやふやではないでしょうか。憲法で人間らしい生活が保障されていても、実際にはその日暮らしもままならない人が大勢います。会社では不正経理が後を絶たず、学校ではいじめや暴力がはびこっています。

赤信号　みんなで渡れば　怖くない

道路はスピード違反車のオンパレード。制限速度で走っていたら、後ろからブーブーやられます。チャイルドシート着用なんて、規則ができた時だけのものじゃないの？

中年や初老のおばさま方、一人のときは上品で慎ましいけれど、数人になると人柄は一変。パック旅行の車中の賑やかなこと。お菓子を頬張り、奇声をあげて笑い転げているあの情景……。その発散ぶりには脱帽するばかりです。

アメリカのレストランで食事中の日本人。一人か二人なら静かだけど、仲間が多いと日本の宴会場のような振舞い……。他の客の白い目なんて気にならない様子です。

ここでちょっと中高生の言い分を聞いてみましょう。

あの子だってやってんのよ……。
みんながやってるんだから、
怖くないし、悪くもない。
仲間っぱずれの方がよっぽど怖いよ。

万引きグループが捕まった時です。

「みんなやってんじゃん……。何で俺たちだけ逮捕するんだよ！」

筆を進めていたら「怖くない病」が次々に浮かんできます。

行楽地　ご馳走が泣く　ゴミの山
カンニング　ほらあっちでも　やってるじゃん
スピード狂　あいつに負けて　なるものか
食べ過ぎも　みんなで太れば　恨みはない

こんな病気が広がったら大変なことになりますよね。でも、この病気は伝染力が強いのです。悪いことや危険なことに立ち向かう時、一人では心細いからです。仲間が欲しくなる。これが「怖くない病」の症状です。

類は友を集める（呼ぶ）

という諺があります。同じ傾向の人が友だちになるというわけです。だったら、よい方の類に交わるよう自分を見直せばいいわけです。思い切ってマイナスに動く心の傾向を、プラスに変えてみようではないですか。

それに必要なのは、悪に同調しない信念と、いいことを望む強い心と、物に動じない行動力です。プラスの場合だって連れがいれば心強いし、仲間がいれば楽しくやれます。

恥ずかしい？
パソコン教室にもいい仲間がいるよ。
ボランティア？
ほら、彼も彼女も楽しそう！
二人でやれば楽しくできる。
みんなでやればなんでもできる！

8　こんなはずじゃなかった「ガックリ病」

人生には夢があり、期待があります。これがなければ生きていかれませんよね。ところが、夢も期待も裏切られることが多すぎます。こんな生活が続くと、人はガックリして無気力になり、やがてマイナス思考にとらわれます。

昇給：何だ、これっぽっち……。スズメの涙にもならんじゃないか！
人事異動：課長に抜擢されてもこんなド田舎？　体のいい左遷じゃないか……！
バレンタインチョコ：義理チョコがたったの二つ。あの娘からのが……ない⁉
バレンタインチョコ：受け取ってくれたのに、彼、お茶にも誘ってくれないのよ……。
鉢植えの花：あんなに世話したのに、シンビジュームよ、なぜ咲いてくれないんだ！
当たりくじ：商店街で一等賞！　鈴が鳴ったっていうのに、お茶ひと袋とは⁉
パック旅行：何さ、あの宣伝文句！　北陸のカニが泣くわよ！

期待が大きいほどガックリする落差は大きいもの。

たとえ裏切られても、人は期待することをやめません。いいのです。それでいいのです。期待できる限り、あなたは今なお前向きに生きているのですから。


許しがたいのは結婚相手のガックリ。これほどインパクトのある落差はない。


なぜかって、男も女も相手を最高の人だと思って結婚するわけですから。

ところが新婚のほとぼりが冷めると、相手の嫌な面が目についてきます。「こんなはずじゃなかったのに」と思っても後の祭り。彼も彼女も本性が出れば、さほど素敵な人ではなかったのです。

ある日、チャペルでの結婚式中に、牧師が幸せそうな新郎新婦に厳かに語りました。

「新郎の一郎さん、世界中で最も素敵な女性を見つけましたね。新婦の麻里さん、あなたも世界一の男性を見つけましたね。間違いありません。よかったですね……。ほんとにおめでとう。

だけど、ひとつだけしっかり認識しておいてほしいことがあります。

それは、

素敵な花婿も、
素敵な花嫁も、
欠陥だらけのダメ人間であるということ。

そうです。一郎さんも麻里さんも、自分を見ればよくわかるでしょう。『この人も私と同じダメ人間なのだ』と受け止める。そうすれば、ガックリしてため息をつかなくて済むのです。嫌味を言う必要もなくなります。自分も相手もダメ人間であることを初めから心得ておけば、夫婦は円満に過ごせます」

ここまで話すと、「そうじゃ、そのとおりじゃ」と大きな声がチャペルいっぱいに響きました。声の主は、最前列の席に座っていた花嫁のおばあさんでした。式場が笑い声で揺れました。実感のこもった叫びだったのです。

では、期待などしない方がよいのでしょうか。

いえいえ、そうではありません。夢や期待なしの生活など、無味乾燥の人生ではないですか。人生には夢や期待のワクワク感が必要です。ときめきがあってこそ、楽しく前向きに生きられるのですから。

明日の遠足にワクワクしている小学生、一カ月後に迫った結婚式を夢見る娘さん、新築の家の出来栄えに心を躍らせる家族。ときめいてこそ潤うのが人生です。

ただし、

期待のし過ぎは、
滑り台のてっぺんに登るようなもの。

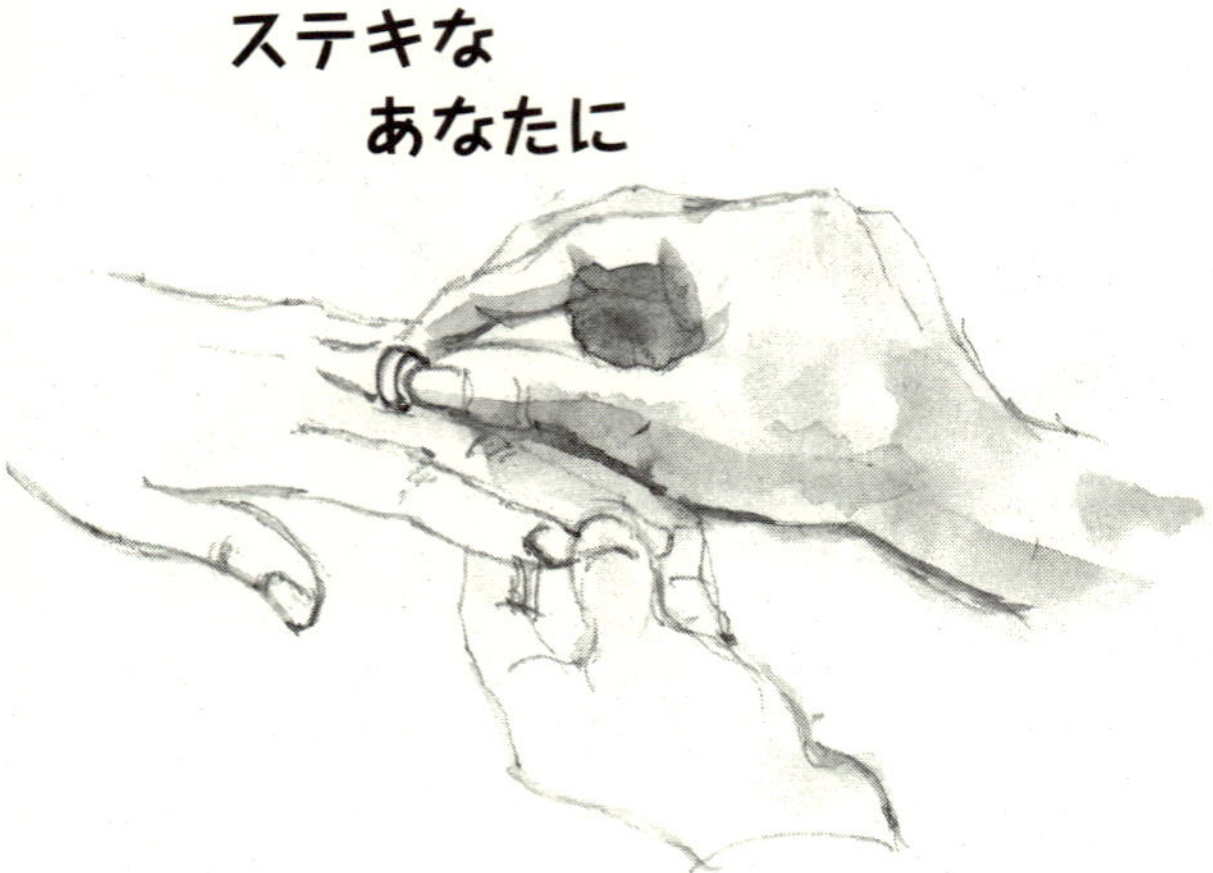

そうです。後は滑り降りるだけ……。

「人生、こんなはずじゃなかった」では、寂し過ぎますね。落ち込まないためには、期待し過ぎないことです。欲張らないことです。ほどほどがいいのです。

いい結果が欲しければ……、
相手を変えようとしないで、
自分が変われぱいい。
相手に期待しないで、
自分でやれば……それでいい。

9　どうしたらいいの？「寄り添えない病」

人生にひとつの形容詞をつけるとしたら、あなたはどんな形容詞を選びますか？　楽しい人生、明るい人生、辛い人生、苦しい人生、悲しい人生、欲深い人生、つまらない人生、アホらしい人生、ありがたい人生、などなど。

おそらく、誰もがこのすべてを人生のある時期に体験するのではないでしょうか。人生って、まさに複雑ですね。色々あるからこそ生きていけるのかもしれません。

カトリックの作家、遠藤周作は、

人生は寂しい。寂しいからこそ、私は楽しく生きているのだ。

というようなことを言っています。寂しさと楽しさの背後には、人生を共に歩んでくれる同伴者を求める、求道の姿がありました。その同伴者がイエス・キリストでした。

私の心に浮かぶ形容詞も「寂しい」です。だから私も、「明るく、楽しく、元気に、感謝をもって」を、生活のモットーにしています。

人間は一人では生きていけませんね。仲間が必要です。色々な人間関係から立体的な人間模様が生まれます。人の幸・不幸はこの人間模様に深く関わっています。

人の持ついちばんの財産、それは共感してくれる同伴者である。

という言葉があります。名言と言えるでしょう。

同伴者とは、友、夫、妻、親、子供、先生、生徒、感銘を受けた言葉、尊敬する偉人などです。信仰者にとっては、仏様、観音様、イエス様、神様などが、頼り甲斐のある同伴者です。

人は誰でも寂しいのです。あなたも、あなたの身近な家族も、あなたのすぐ隣にいる人も……。誰もが寄り添ってくれる人を無意識に求めているのです。とりわけ切実なのが、老人や心身の病に苦しんでいる人たちです。

身辺の世話をするのは大切です。優しい言葉をかけるのも励みになります。食べ物や花などを贈るのもいいでしょう。でも、彼らがいちばん求めているのは違うものです。思うように体を動かせない老人や病人は、自分の立場や苦しみを理解してもらいたいのです。ありのままの自分を受け入れて欲しいのです。自分の存在感を確認したいのです。

聴くことに徹した応対。
これに優る癒しはない。

深い洞察力のある言葉です。「こんな私が生きていていいの？」という、彼らの心に耳を傾ける。「なるほど」とか、「そうでしょうね」と相手の心身の痛みをそっと受け止める。こういうことが、私たちに求められているのです。

「聴く」という漢字をよく見てください。耳と目と心がプラスされて一体化していますね。苦しむ人は、誰かに聴いてもらうことによって心の痛みをやわらげ、自分の存在感を高めることができるのです。ここに満足があり、喜びがあります。

悩み苦しむ人は、「大丈夫よ」と毛布をかけてくれる人を探している。

悩み苦しむ時に、「大丈夫よ」と毛布をかけてくれる人がいる。

これは、アメリカ先住民の長老が教えてくれた言葉です。白人に土地を奪われ弾圧された彼らの祖先に、どこからか白人が寄り添ってくれたのです。「その助け手があったから、今日の我々があるのだ」と、彼はつけ加えました。

実際に毛布をかけなくても、そこにあなたがいるだけでいいのです。あなた自身が毛布なのです。

口数の少なくなった息子や娘、何となくおかしい夫や妻、笑顔の無くなった生徒、ムッとしている同僚など、誰もがあなたを待っています。

聴く耳をもつよう心がけましょう。

寄り添う共感が人生を豊かにしてくれます。

あなたがそこにただいるだけで　その場の空気が明るくなる
あなたがそこにただいるだけで　みんなのこころがやすらぐ
そんなあなたにわたしもなりたい

（相田みつを）

10　感謝の足りない「忘恩病」

あなたはどんな日本語が好きですか。いいものがいっぱいありすぎて、選択に困るかも知れませんね。気持を高めたり、勇気を与えたりしてくれる言葉はなんでしょう。

ありがとう
おかげさまです
ごめんなさい
いただきます

これらは私の大好きな言葉です。「ただいまー！」に応じた、母の「お帰りなさーい！」や、落ち込んだときの「大丈夫よ」なども、私をホッとさせてくれました。こちらの言い分に耳を傾けてくれる「なるほどね」からも、たくさんの勇気をもらったものです。

朝、目覚めて、「あぁ、また朝か。今日も一日しんどいなぁ」と思ったり、「なんで目覚めたの！」と、生きていることに八つ当たりしたくなったこと、ありませんか？　もしなかったら、あなたはとっても幸せです。大いに感謝しましょう。

鏡に映った自分の嫌な顔。そんな朝は気が重くて、動作も鈍く、家族への「おはよう」も気持よく出てこない。不機嫌なまま朝食を済ませ、挨拶もしないで家を出る。すると、不機嫌な自分に嫌気がさし、ますます不機嫌になる……。

そんな朝、鏡の自分に「おはよう」とにこやかに語りかけてみてください。すると、にこやかな「おはよう」が返ってきます。これが「幸せのこだま」です。

ため息は不幸への直行便。ため息が出そうになったら、気を取り直して「ありがとう」と言ってみましょう。「ありがとう」は自他の心をなごませる魔法の言葉です。

悪口を言う人には……そうだよね。気づきをありがとう。
つまらない講演を聴いても……あのエピソードはよかったよ。ありがとう。
病気でしんどい……苦痛は何かを訴えようとしている。ここには何かがある！

集中力がなくて仕事ができない……ぼんやりゆっくり、今日を楽しめばいいんだね。

人や物事に感謝し、大いなるものに祈る……。心に感謝と祈りがあると、愚痴や不満やため息は限りなく小さくなります。そのためには感謝の種に気づくことが肝要。

目覚め……目に花が映る。香りが感じられる。小鳥の声が聞こえてくる。
空気……気管を通るこの感触。生きている命！　生きている私！
水……蛇口をひねるだけできれいな水が出る。ああ、この一杯の水よ！
食事……食べ物がある。おいしく食べられる。ほら、こんなに健康だ。
風邪の熱と咳……健康が恵みであり、喜びであることを知る。
乏しい小遣い……貧しいときは苦しい。でもね、ほら、なんとかなるよ。
私……私って何者なの？　こんなに良くしてもらって……奇跡じゃない？

神様、仏様、あるいは、サムシング・グレートは、いつも私たちを見守っていてくださいます。そのことがハッキリわかる日が、必ずやって来ます。

毎日の生活の中には、「恵み」が秘められているんですね。身の周りの小さなことにも、感謝の種が詰まっています。当たり前過ぎて気がつかないのです。

あなたも感謝の種を探してください。少なくとも毎日五つ。

いいですか……、毎日五つですよ。同じことでもかまいません。その五つを今日の感謝として口にしてください。丁寧に声に出すこと……、これがとても大事です。

声にはとても不思議な力がありますから。

暗い気分の朝でも、歌をうたうとその声で元気が出てきます。感謝の祈りを口にすると、気分が

明るくなります。歌や感謝の声は一日を美しい色に染め上げてくれるのです。
ここに、いい一日が始まります。いい一日が終わります。

一日を感謝の祈りではじめ、
一日を感謝の祈りで終える。
これが、よい一日です。
よい一年です。
よい一生です。

つたないエッセイをお読み下さり、ありがとうございました。

おわりに……とにかく早く退治しよう、心の生活習慣病！

毎日の生活には、楽しいこと、うれしいこと、感謝したいことなど、いろいろありますね。同時に、悲しいこと、いやなこと、呪いたくなるようなことなどもいっぱいあります。

あなたの毎日、どんな具合？

欲求不満で、ため息ばかり……
やる気がなくて、今日もイライラ……
ちっちゃなことに、くよくよしょんぼり……
言いわけばかりで、自己嫌悪！
やりたいけれど、一歩が出ない！
なんで毎日、いやなことばかりなの……

こんな毎日が続いたら、人生は楽しくありません。

でも、こんなところから、とてもコワーイ「心の生活習慣病」が発症します。これらの病気は「無意識の日常生活」に起因する「自業自得病」です。悪い習慣が身につくと、やめようと思っても、なかなかやめられません。だから、とても怖いのです。

もう一度、自分の姿をよく見てください。かなりの「病」を抱え込んでいたことに気づきませんでしたか？　注意されても、好きなことはやめられません。それが人間です。でも、つまらない生活で一生を終えたくありませんね。だから、折に触れて気を配りましょう。

「心の生活習慣」に気づくと、ほとんどのことは好転します。

ここに取り上げた「心の生活習慣病」のいくつかは、『サンデー世界日報』に掲載したものです。それに手を加え、書き足したのが本書です。アートヴィレッジ社の越智俊一さんが、編集・表紙・イラストの労をとってくださいました。表紙デザインは原田和俊さんによるものです。また、多くの人からあれこれの示唆を与えられました。お一人おひとりの顔を思い浮かべながら、感謝いたします。

一回かぎりの、この人生。今という時は、今しかありません。今を大切に、今をていねいに、少しでも明るく楽しく生きたいですね。思い切って、一歩を踏み出しましょう。

あなたの幸せを祈ります。

２０１９年４月吉日　　川上与志夫

著者プロフィール

川上与志夫（かわかみ　よしお）

1960 年　国際基督教大学・教養学部卒
1963 年　アンダソン神学校（米国）卒
1991 年より 1 年間、アイダホ大学客員研究員。
教職：大阪女学院、神戸女学院を経て、帝塚山学院大学に奉職。現在、同大学・名誉教授。アメリカ先住民居留地に住み込み、伝統文化を踏査。羽根冠とインディアン名「リトル・クーガー」を授かる。元関西市民大学講座学長、日本クリスチャン・ペンクラブ、日本シュバイツァー友の会に所属。

著書
『しあわせの居場所』（アートヴィレッジ刊）
『ときには急いで ときにはゆっくり』（アートヴィレッジ刊）

こころの生活習慣病を克服するために
ぐうたら病の君へ

2013年10月10日　第1刷発行
2019年 4 月18日　改訂版発行
著　者　川上与志夫
発　行　アートヴィレッジ
〒657-0846 神戸市灘区岩屋北町3-3-18 六甲ビル
TEL.078-806-7230　FAX.078-801-0006
http://art-v.jp
E-mail：ochi@art-v.jp

落丁本・乱丁本は本社でお取替えいたします。
本書の無断複写は著作権法上での例外を除き禁じられています。
購入者以外の第三者による本書のいかなる電子複製も一切認められていません。
定価はカバーに表示してあります。